助監督は見た！

実録「山田組」の人びと

鈴木敏夫

言視舎

はじめに

「撮影所時代の思い出話を書いて下さい」との依頼があったのは今から11年前のこと。業界紙「労働新聞」の息抜きコーナーのコラムなので、サーッと読める読みやすさを心掛け連載は2年続いた。本書のＰＡＲＴ2、ＰＡＲＴ3がそれである。

26年間の助監督生活の後、いくつかの異動を経て06年5月に松竹を定年退職。その時山田洋次監督から「現場に戻ってほしい」と声がかかり、以後『母べえ』から現在まで山田組スタッフとして映画、演劇の仕事に携わっている。新たに書き足したものをＰＡＲＴ1とした。

すべて自分の眼で見、自分の耳で聞いたこと。嘘は書いていない。生来思ったことをはっきり口にする性分で、他人から〝口が悪い〟〝毒舌家〟と言われても一向に気にせず生きてきた。73歳で現役の助手という、稀有な助監督の「人間観察記」である。

目次

PART 1　2019

PART 2　2008

PART 3　2009

※作品データの作成は編集部

PART 1

▼

2019

『東京家族』演出中の山田洋次監督（左）と著者（2012 年、大崎上島ロケにて）

橋爪功

俺は褒められるのが嫌いなんだよ

『東京家族』(2013年公開)の出演者は蒼井優を除く全員が山田組初参加だった。クランクイン前に全員集合しての読み合わせ。俳優たちの表情は硬く、その緊張が伝わってくる。冷たく張り詰めた空気の中で、平常心を保てるわけがない。緊張させる要因は山田さんの仏頂面だ。いつだったか映画のキャンペーンで、テレビ出演や取材を受ける日々が続いていた頃「疲れるでしょう」と声をかけると、「うん、愛想良くしなくちゃいけないからさ、疲れるんだよ」と言う。愛想良くしろとは言わないから、せめて不機嫌そうな顔をやめてくれたら、といつも思うのだが、無理な注文か。

重苦しい雰囲気の中で休憩に入った。優ちゃんが「自分の番が近づいてきたら、ドキドキ心臓の鼓動が激しくなっているのが分かるの」と囁いた。おいおい、（山田組）経験者の君まで緊張しちゃ困るじゃないか、と思いながら喫煙所に行くと橋爪功さんがいた。

橋爪さんは煙草の煙を吐き出すと「この組はリテーク多いの？」と話しかけてきた。「多いなんてもんじゃありませんよ。一日の撮影が終わってステージを出るとき『今日の撮影分は全部リテークだな』なんて平然と言いますからね」無表情の橋爪さんは「あいつはリテークすると良くないようですよ、って言っといてよ」と言うと、悪戯っぽい笑みを浮かべた。このいい加減な感じの座頭ならうまくいくぞ、その時私は確信した。

撮影が始まると、セットでの待ち時間に橋爪さんはアルバムをめくっていた。制作部に依頼したスタッフ全員の写真集で、各部ごとに分かれていて、名前とニックネームが付されてある。橋爪さんは誰彼なしに話しかける、それもニックネームで。こんな俳優を見たのは初めてだった。

橋爪さんのダメ出しはほとんどなく、NGも少ないので〝潤滑油〟としての私の出番はなかったが暇潰しの相手をさせられた。煙草を手に喫煙所へ行く時、私を見て〝行こう〟とジェスチャーで誘う。私より五歳上で、四つ上の兄がいる私には話しやすい人だ。はっきりものを言う性格も好きだった。

翌年『**小さいおうち**』でまた一緒になった。読み合わせの休憩時、山田組初参加の歌舞伎俳優**片岡孝太郎**が不安気で落ち着きがない。「孝ちゃん、孝ちゃん」と橋爪さんが呼び寄せた。隣の私を指差して「この人、敏夫ちゃん。この組はこの人を頼ってれば乗り切れるよ」「宜しくお願いします」と頭を下げる孝太郎さん。橋爪さんの一言がつづく（一言多い人なのだ。これも私と似ている）。「この人と話すときは白い旗を持ってたほうがいいよ、話し出すと止まらないからね、もういいと思ったら旗を振ればいいから」「あなた様に言われる覚えはありませんよ！」橋爪さんこそ話し出したら止まらない。橋爪さんはケ、ケ、ケと愉快そうに笑った。二人に挟まれた孝太郎さんは、どう反応していいか分からずに困っていた。

『**東京家族**』では瀬戸内海の大崎上島で一週間のロケがあった。夕食後の9時になると私の部屋へ橋爪さんがやって来た。自分の分の酒を持って毎晩訪れた。「敏夫ちゃんの話はおもしろいけど、自慢話になるのが欠点だな」酔いが回り、赤い顔で言いたい放題の橋爪さん。夕食は大きな丸テーブルに監督と出演者が一緒に座る。スタッフでは私一人がその席に加わった。時には橋爪さんの独演会になる。「どうだい、俺の話は最後にみんな笑うだろう」と自慢する。「確かに笑っているけど、あなたのとる笑いは全部下ネタじゃないの」と返したら

橋爪功（右）と著者（2017年『家族はつらいよⅢ妻よ薔薇のように』大崎上島ロケにて）

渋い顔をした。

どんなに会話が弾んでいても、12時になると「お、いけねえ、12時だ」と橋爪さんは出て行く。翌日俳優はカメラの前に立たなければならない。赤ら顔でも務まるスタッフとは違うのだ。

クランクイン間もないころ、品川駅コンコースでのロケ、橋爪さんが奇妙な行動に出ていた。持参した小さなカメラをスタッフに渡し、自分を撮らせている。山田監督とカメラマンがフレームを検討している後ろに立ち、万歳している姿を。両手はVサイン、満面の笑みの橋爪さん。その写真を私に見せ「家で女房が心配してるんだよ、初めての山田組で無事に務まっているのかって。この写真見せたら安心するだろうと思ってさ」でも、盗み撮りじゃあね、とからかいたかったが言えなかった。「やった！」と無邪気に喜んでいる橋爪さんにますます親近感を持った。

何かを褒めると「止めてくれよ！　俺は褒められるの嫌いなんだよ」と何度も制止された。撮影の終盤、山田さんが橋爪さんのことを「大した役者だな」と言った。私は橋爪さんに「山田さんが橋爪さんのことをね」と話しかけ「止めた、あなた褒められるの嫌いな人だもんね」と話の途中で打ち切った。橋爪さんは気になっているだろうか。私はその後も伝えていない。

【作品データ：東京家族】
公開年：２０１３
監督：山田洋次
脚本：山田洋次、平松恵美子
出演：橋爪功、吉行和子、西村雅彦、夏川結衣、中嶋朋子、林家正蔵、妻夫木聡、蒼井優、小林稔侍ほか

【作品データ：小さいおうち】
公開年：２０１４

監督：山田洋次
原作：中島京子
脚本：山田洋次、平松恵美子
出演：松たか子、黒木華、片岡孝太郎、吉岡秀隆、妻夫木聡、倍賞千恵子ほか

妻夫木聡

下らない話するの好きでしょう?

山田さんから鮨屋に誘われた。衣裳合わせの後、行きつけの店で**妻夫木聡**さんやマネージャーをもてなすのだという。私を誘ったのは場を和ませてほしかったからだ。鮨屋の座敷に10数名。**『東京家族』**(13年公開、作品データは16頁)**山田組**初参加で緊張を隠せない妻夫木さん。初対面でどんな話をしていいのやら、私も思案を巡らせていた。

その席でとんでもないことが起きた。若いスタッフが「敏夫さん〝寅さん〟は何本くらいやったんですか」と超危険な質問をしたのだ。「山田組は嫌だから逃げていた」とも言えず言葉に詰まっていると、山田さんが代わってぶっきら棒に答えた。「ボクの組を嫌ってたからろくにやってないよ」それが事実だったが私の口から出たのは次の一言。「こんな席でよく言いますね」。この一言でその場の全員が凍りついた。妻夫木のマネージャーは大きな身体を縮こまらせて固まっている。「そんな誤解をしてたんですか」とか何とかごまかしようもあったろう。が、私はこういう局面で取繕うことが出来ない性分だ。場を和ませるどころかぶち壊してしまった。

妻夫木さんの撮影初日。私は彼の元へ行き「この前は驚かせちゃってごめんね」とあやまった。「いやあ、お二人は仲がいいんだなあと思いましたよ」とニコニコしている妻夫木さん。「よく言うぜ」と口にしながら、私はホッとし、この青年とはうまくやっていけるような気がした。

妻夫木さんは暇があると私に話しかけにきた。空き時間はいつも私のそばにいた。ある時「敏夫さんと俺、似てますよね」と言う。イケメン俳優と私のどこが似ているというのか。「どこが？」と訊くと「下らない話するの好きでしょう」と言い、ニヤリと微笑んだ。ムッとした私は「好きじゃないよ！」と吐き捨てるように言った。ところが彼は「好きだよー」とニヤニヤしつづける。その顔は確信に満ちていた。どうでもいい話、他愛もない話は好きだが、下らない話と思ったことは一度もないのだが……。

この映画に入る直前に出演したテレビドラマに就いていた助監督が言った。「前と今回の

妻夫木聡（右）と著者（2015年）

妻夫木さんはまるで別人なんですよ」。監督に疑問をぶつけ、監督が説明すると「その説明じゃ分かんない」と不遜な態度だったという。共演したことがある出演者に探りを入れると、自己主張することが多い俳優のようだ。自己主張、私は悪いことだと思わないが、得てして嫌われる。特に撮影時間に余裕がない場合などで。

リハーサルで、彼はあるセリフにつっかえた。役柄からいうと不自然なセリフだったのだ。山田さんの書くセリフを「美しい日本語」と評価する人もいる。が、私はすべてそうとは思わない。**蒼井優**は〝山田節〟と呼んでいる。「今まで見てきた山田組の出演者はこんな難しいセリフを言ってきたんだ」と感心すると言った。私は控え場所の妻夫木に「言いにくそうだね、変えてもらおうか」と言った。「この組では言えと言うならどんなセリフでも言いますよ」思考停止ということか。「へえーっ、自分の意見は言わないんだ」とからかうと「言えるのは敏夫さんだけです」私は少々ムキになり「そんなことはないよ、言っていいんだよ」「言えませーん！」この最後の言葉は隣りにいた蒼井優が唱和した。

クランクアップが近づいたころ「敏夫さんどこかにいいライターいないですかね」「最近の現場はみんな友だち感覚ですよ」と嘆いた。彼は絶対的な存在の指導者（監督）を求めている俳優の一人だ。ところが見当たらないのが現実だ。これはクラシック音楽の世界でも言える。指揮者といえば、かつては絶対的な存在だったが、今は友だち感覚だと嘆く人もいる。私もその一人だ。

クランクアップ後、撮影所の食堂で打ち上げがあった。出演者たちは監督を囲む席に座る。私は現役大学生のインターンや若手助監督の席にいた。妻夫木は初めから私のそばに来た。かなり経ったころ「おい、いい加減で向こう（監督と出演者）にいかないとまずいよ」と促すと席を立った。

会が終わると、また妻夫木が私の前に来て右手を差し出した。握手した私の右手をグイと力任せに引き寄せガバッとハグする妻夫木聡。私にとってはすべて初体験で目を白黒させるばかりだった。

若い女性スタッフが私に訊いた。「妻夫木さんはどうして敏夫さんのそばにばかり行くんですか」「分かんないよ、向こうに訊いてよ」「どんな話をしているんですか」の問には「どうでもいい話だよ」と答えた。

妻夫木聡と私の初仕事は終始彼のペースで進み、私は一方的に振り回された気がしなくもない。

さて、私は下らない話が好きなのだろうか。あの時の妻夫木の笑顔は今でも忘れられない。

西村雅彦

西村にはその余裕はありません

『家族はつらいよ2』（17年公開）のロケ先で妻夫木聡が中嶋朋子に話しかけた。「ボク、この（山田）組に出ると一歳年取った気になっちゃうんです」「あらそうお、私なんて二、三歳年取った気になっちゃうわ」二人は山田組四作品目。それだけプレッシャー、気苦労が多いということか。

翌日、この話を西村雅彦さん（三作品目）に告げると、無表情のまま時代劇口調で「皆さん自分を客観視なさる余裕がおありになるんですね。西村にはその余裕はありませんとお伝え下さい」と言った。この人はどこまでが冗談かよく分からないところがある。

山田組初参加の『東京家族』（13年公開、作品データは16頁）では山田監督からのダメ出しが多くNG連発だった。映画の始めのほう、一家団欒の場面。上京してきた父が、亡くなった親友の家へお悔やみに行くと告げると長男（西村雅彦）が「どこです？」と聞く。この「どこです？」のOKがなかなか出ない。意味のない日常会話だが、眼に力が入ったり声が重々しくなったりして、変な意味すら感じさせてしまう。2時間のサスペンスドラマなら「この息子、先回りして遺産目当てに親父を襲うつもりなのではないか」というような。

「軽く言って」「もっとさり気なく」と要求する山田さん。西村さんは癖のある役を多く演じてきた。特にテレビドラマでは同じような役のオファーがつづく。その垢が染みついていたのか。延々テストを繰り返し、やっとOKが出たが、後日撮り直しになった。

キャスティングを聞いたとき、私は西村さんはミスキャストだと思った。『東京物語』では山村聰が長男役を演じているが、あくのない、強烈な個性はなく、善良そのものといった感じの俳優が似合う役だ。佐野周二とか佐田啓二が思い浮かぶ。かつてはいたそんな雰囲気の俳優が現在見当たらなくなっている。「西村クンってどうしてああいうものの言い方するんだい？」と山田さんから聞かれたことがある。癖のある独特の言い回しが気になるようだった。「彼はずっとあの調子でやってきたんですよ」山田さんはテレビドラマを見ない。プロデューサーが用意した出演ドラマのビデオを少し見るくらいだから、最近の俳優についての知識がない。『おとうと』では**森本レオ**さんを「どうしてそんなふわふわした言い方するの！」と怒鳴りつけた。私は何人の若いスタッフから聞かれたことか。「監督はレオさんを知らないでキャスティングしたんですか？」「個性（売り物と言ってもいい）を消せ！」と言われた俳優の戸惑いはいかばかりか。これも山田監督は怖い、の伝説の一つに加えられていく。

ステージの中の出演者の待機場所。みんなそこに集まっている。が、西村さんはうんと離れた壁際の椅子にいつも一人で座っていた。

妻役の**夏川結衣**さんが言った。「西村さんがね『俺たちみたい（芸歴の長い俳優）になると、誰も何も言ってくれなくなるじゃないか。（山田組のように）言ってくれるだけ有難いと思わなくちゃいけないんじゃないか』って言うの。私もそうだなと思って……」

かつてテレビのインタビューで**岸恵子**さんがこう言っていた。「私が女優だったころはいろんな監督さんが『ああしろ』『こうしろ』と言ってくれたんです。私は言われるままに演ってただけなんです。現在の女優さんは（言ってくれる人がいないから）自分で考えて演じなくちゃいけないでしょう。現在なら私、女優は出来ません」

クランクアップの日の集合写真。スタッフ出演者とマネージャー合わせて１００名くらいいる中で、一人だけＶサインをしている人がいた。西村雅彦さんだ。この時は「もう山田組に呼ばれることはないだろう」と思っていたという。

ところが「家族はつらいよ」シリーズでは喜劇役者としての隠れた才能が開花し、怪演をつづけている。『**家族はつらいよ2**』で二階に泊まった客が変死。刑事の事情聴取を受ける場面。「泊まっていくようにあなたが言ったんですか」と聞かれた長男（西村）が慌てて否定した後、口先を緩ませ、愛想笑いのような仕草を見せる。西村さんのアドリブだが何ともおかしい。山田さんは「珍優だね、あの人」と言った。

西村さんが弟の妻（**蒼井優**）に歯の浮くようなお世辞を言う場面がある。

その言い方があまりに大仰だったので、後日山田さんに「ああいう芝居は嫌いでしょう？」と聞いてみた。山田さんは「うん、嫌で止めさせようかと思ったけど、他に影響しちゃうかと思ってさ」――我慢したのだという。

山田さんも我慢することがあるのだと思った。それにしても西村雅彦は凄い役者だ。山田洋次を我慢させたのだから。そのころはもう他の出演者と同じ待機場所に座るようになっていた。

【作品データ：家族はつらいよ2】
公開年：2017
監督：山田洋次
脚本：山田洋次、平松恵美子
出演：橋爪功、吉行和子、西村雅彦、夏川結衣、中嶋朋子、妻夫木聡ほか

【作品データ：おとうと】
公開年：2010
監督：山田洋次
脚本：山田洋次、平松恵美子
出演：吉永小百合、笑福亭鶴瓶、蒼井優、加瀬亮、小林稔侍ほか

林家正蔵

ノイローゼなんです

『**東京家族**』（作品データは16頁）の初日舞台挨拶（13・1・19）で、**林家正蔵**さんが「（映画で）らっきょう2粒食べてますけど、リハーサルを含めて107個食べました」と仰天告白。こうして**山田洋次**監督はらっきょうを107個も食べさせるのかと、山田監督は厳しい、しごかれる等々の伝説が作られていく。そういう噂はほとんどの俳優の耳に入る。そして初出演となった時、みな緊張して撮影所にやってくる。自分で自分を縛り、勝手に平常心を失った状態でカメラ前に立つ。107個なんて大嘘なのに。

正蔵さんの衣裳合わせで最悪のケースを見た。山田さんと正蔵さんの笑い声が廊下に響く。落語好きの山田さんと談笑しながら衣裳部屋に入ってきた正蔵さんの顔つきが瞬時に変わった。顔も身体も硬直したまま、何を言われても「はい」「はい」と裏返りそうなほど甲高い声。「こりゃあ撮影現場は大変なことになるぞ」と私を不安にさせた。彼が出て行った後、座っていた椅子に目をやると台本が一冊。緊張のあまり自分の台本を置き忘れていったのだ。

らっきょうを2粒食べたのは庫造（林家正蔵）の2度目の登場場面。リハーサルで沢山食べたのは初登場の場面、妻（**中嶋朋子**）と二人の朝食シーンだ。それは正蔵さんの撮影初日だった。芝居が固く、動作もぎこちない。「正蔵クン、セリフを言うとき、いちいち相手（妻）を見なくていいんだよ」「顔で芝居しようとしないで」と監督からダメが出る。「はい」「はい」と強張った顔で甲高い声を発する正蔵さん。他の俳優でも散見するが、返事をしすぎる人はまずダメだ。言われたことを理解していない。その場を逃れようとしているだけのこと。

監督が「らっきょうを食べながらの芝居にしよう」と言った。食べながらという課題を課せば、気がそがれ、滑らかな芝居になると思ったのだ。が、逆効果だった。今度はらっきょうにばかり気を遣い、セリフが出てこない。このリハーサルでかなりのらっきょうを食べたのは事実だ。「どうする？　らっきょうを食べるの止めようか、それともこのまま続けるかい？」と聞く監督。「私は監督の指示に従いますので何でもおっしゃって下さい」

堪らずに私が叫んだ。「正蔵さん、朝から何も食べてないんでしょう（これはマネージャー情報）。空腹でらっきょうばかり食べつづけたらどうなるか考えて下さい。青ざめて気分が悪くなったら、撮影中止になるんですよ！」「それじゃあ、らっきょうはなしということで」正蔵さんは申しわけなさそうな顔で言った。「昼食にしまーす」とチーフ助監督が叫んだ。2時間以上リハーサルだけで昼食休憩に。昼食時、山田さんが私に言った。「どうしたらいい？どうにもならないぜ」「まず緊張をほぐさないとダメですよ」と私は答えたが、それは私がやるしかない。

待機中の俳優は雑談するもの、読書するもの様々だ。台本を開き、セリフの反復練習をしている出演者が一人いた。正蔵さんだ。「正蔵さん、頭も休めないとダメですよ。外に出て深呼吸でもしたほうがいい」と奨めると「はい」と素直に立ち上がってステージの外へ。様子を窺いに行くと、深呼吸と柔軟体操をしていた。

落語界林家一門のトップが、撮影所に来ると憔悴しきっていた。見かねた**夏川結衣**さんが「ノイローゼになりかかってんじゃないの？」と声をかけると「いえ、ノイローゼなんです」と答えた。

正蔵さんには「顔で芝居しようとしないで！」という叱責がよく飛んだ。でも、落語は顔で芝居するものではないのか。

『**家族はつらいよ**』（16年公開）義父（**橋爪功**）に「髪結いの亭主のくせに」と詰られる場面。泰蔵（正蔵）の顔色が変わる。というト書。正蔵さんが怒りで顔を歪めると「顔で芝居しないで！　蒼ざめてくれればいいんだよ」と難しすぎる注文が。カメラ脇から私が声をかける。「正蔵さんさっきよりいいですよ」「良くなってますよ」正蔵さんが「ありがとうございます」と言う。「お礼は言わなくていいんですよ、ボクは仕事してるだけだから」スタッフがドッと笑う。私は現場の空気を変えよう、柔らげようと必死になった。

監督が要求していることを噛み砕いて伝える。橋爪さんが「説明が簡潔で分かりやすい」と私に聞こえるようにつぶやいた。緊張が解ければ当然芝居は良くなっていく。

山田さんが私の傍に来て「やっぱり褒めないとダメだな」と言った。「よく言うよ。出来ないくせに」と思った。

正蔵さんの単独カット。私が優しく丁寧に指導する。「凄くいいですよ！」

俳優の待機所を通り過ぎるとき、**蒼井優**に「正蔵さんはいいなあ、敏夫さんに面倒見てもらえてって、みんなで羨ましがってたんですよ」と声をかけられた。夏川結衣が「でも公開されると正蔵さんが評価されるのよ」と言ったという。さすがはベテラン女優。よく御存知だ。その予想どおり、林家正蔵の評判はとてもいい。これもよくあることだ。

【作品データ：家族はつらいよ】
公開年：2016
監督：山田洋次
脚本：山田洋次、平松恵美子
出演：橋爪功、吉行和子、西村雅彦、夏川結衣、中嶋朋子ほか

子役　秋山聡

アジフライを噛むのが怖いの

子役の演技指導のポイントは三つある。①相手に分かる言葉で話す。小学生、中学生、その当時自分の理解力がどれくらいのものだったかを思い出すこと。②褒めること。まだまだ合格点に達していなくても「さっきより良いよ」と。小学校低学年なら「凄いね。出来ちゃうんだねえ」も有効だ。③空いている時間は寄り添って相手をする。これが一番大事なことかもしれない。自分のことを考えてくれる味方だと思ってもらうこと。要は子どもの目線に立つことだ。**山田監督**はこの三つとも苦手な人だ。

『**小さいおうち**』(14年公開、作品データは16頁)の平井恭一役**秋山聡**は小学二年生だった。カメラ脇で私が聡を励ます。「うまいなあ」ここで山田さんがちゃちゃを入れた。「うまいって言い方は変じゃないか？　キミ」監督はどういう芝居を撮りたいかを示してくれさえすればいい。私がその芝居をやらせる。私にはその自信があった。私をからかうんだったら自分で指導すればいい。「じゃあ何て言えばいいんです？」そう返すと「だんだん真実の姿に近づいてきた、とかさ」と言った。「うまいなあ」の代わりに「だんだん真実の姿に近づいてきてるぞ」と言えというのか。バカバカしい。「そんな言い方が小学二年生に理解できるわけないでしょう」二人のやりとりを聞いていた周囲のスタッフが声を殺して笑っていた。

撮影が進んでいき、聡のカットのテストで、山田さんが「うまいぞ！」と口にした。何だ、言えるんじゃないの、と思ったが、口にするのは我慢した。

『母べえ』で長女が母親に拗ねる場面。カメラを構える前のリハーサル。動き方、セリフの言い方、山田さんから細かい注文が出る。延々とつづくリハーサル。よし、これで行こうということになってスタッフが準備に動き出す。トイレに向かった山田さんが**志田未来**（長女役で14歳）の前を横切る時「今のでいいんだから」と言った。低い声で吐き捨てるように。顔は正面を向き、未来の顔を見もしないで。未来は衝撃を受けたのか、特徴的な大きな瞳は瞬きもせず、頬は硬直している。私が未来に近寄り「今のは褒めたんだよ。今の芝居でいいって」と解説すると「えっ、そうなんですか。私、叱られたと思って……」とまだ恐怖が冷めやらない様子。

「褒めなくちゃ駄目ですよ」事あるごとに私は口にしている。が、山田さんは「面と向かって褒めるなんて照れ臭いじゃないの」と苦笑い。この時のように自分は褒めたつもりなのに、相手に伝わらないどころか恐怖心を抱かせたのでは褒めないほうがましだ。

『小さいおうち』。一家の夕食シーン。その撮影日の朝、秋山聡の前歯が一本グラグラして抜け落ちそうなことを知った。不安が胸をよぎる。でも、まさかあれほどの修羅場になるとは予期できなかった。

午前中はリハーサルのみで終了。午後の撮影に備え「お昼御飯は食べさせないで下さい」と付き添いのお母さんに頼んだ。リハーサルは食べる真似だけだった。

午後のステージ。「噛むのが怖い」と言う。「食事を作ってくれるお姉さんに『軟らかくして下さい』と頼みなさい」と言うと、聡は装飾部の女性の元へ走って行った。

卓袱台の上に御飯と味噌汁、アジフライが並べられる。味噌汁の具はとろとろに煮込んだ大根の千切りだけ。

「この頃（昭和11年）の子どもはガツガツ食べたもんなんだよ」と山田さんが言った。テストが始まる。聡がこわごわ食べているのは誰の目にも明らかだった。と、山田さんが怒鳴った。「もっとガツガツ喰えよ！　アジフライを頭からかじってごらん」怯える聡。「それは無理です。出来ません」私が前歯の事情を説明した。山田さんは無理強いはしない。ご飯（聡の分は軟らかくしてある）と汁を啜るくらいなら出来るのだが、山田さんはガツガツにこだわる。「じゃあご飯と味噌汁を口一杯に頬張って食べろ、それなら出来るだろう？」聡がご飯と味噌汁を頬張り、モグモグし始める。と、信じ難いことを口走った。

「口の中のモノを吐き出せ！　誰か助監督、手で受けろ！」ゆっくり噛んでいる姿にイライラし、次のテストをしたいから口の中を空にしろというのだ。ご飯と味噌汁を掻っ込むだけでガツガツ感がでるかどうか確信したいのだ、それも早く。「早く出せってば！」声を荒げて急かす。正に〝殿ご乱心〟だ。私はわざとのんびりした口調で「ゆっくり食べさせてあげて下さいよ」と言った。山田さんはハッと我に返った。「昼飯を抜いてるんです。おいしいの？」聡に声をかけると、聡はコクンと頷き、モグモグしつづけている。

「助監督、手で受けろ！」と叫んでも、誰も従わず手を出そうとしなかったのがせめてもの救いだった。

『キネマの天地』で
遅刻魔の寝坊事件

山田洋次監督に聞きそびれていることが一つある。「あのとき何故怒らなかったのか」と。『キネマの天地』（86年公開）で助監督をした時のこと。撮影も終盤に入ったころ、山田さんが「鈴木君ステーキ喰いたくないか」と声をかけてきた。「ステーキ、いいですね」「じゃあ明日の昼飯、ステーキにしよう。〝パタパタ〟でいいかい？」「いや、ステーキはやっぱり〝ミカサ〟でしょう」二つの店とも撮影所の前にあった。〝パタパタ〟は大衆向けの安いステーキ屋で、撮影スタッフが押しかけ、昼食時は満員で順番待ち。一方の〝ミカサ〟は高級フランス料理店で、行くのは主演級の俳優か監督たちだ。もちろん私は〝ミカサ〟のステーキなど自腹で食べたことはない。山田さんの奢りだから厚かましく〝ミカサ〟を主張したのだ。「じゃみんなに声かけとけよ」こう言われただけで誰を誘えばいいのかは分かる。「明日の昼飯は山田さんとミカサのステーキだよ」と三、四人に声をかけた。みな大喜びしたのは言うまでもない。

翌日。私は寝坊してしまった（遅刻の常習犯だったのだが、長くなるので割愛する）。直ぐに家を出ても撮影所に着くのは昼前後になってしまう。撮影所（大船）に向かう東海道線の中で考えていたのは、どういう詫び方をすればいいかということ。遅刻魔だったので嘘をついてもバレてしまう。

撮影所の正門が見えてきた。「みんな昼食に出て行った後だといいなあ」と願っていたら、山田さんとメインスタッフの五人連れがこちらに向かってくるのが目に飛び込んできた。「やばい！」が、身を隠しようがない。と、遠くの山田さんが叫んだ。「鈴木クーン！　君が遅刻するから今日のステーキはなしだよ。〝小宮〟でラーメンだ。付き合うかい？」「はい」小宮は小汚いラーメン屋で、私は外観だけで入る気がしなかった店だ。カウンター席で山田さんの隣りに座り、笑えそうな話を喋りまくり、自分は何を食べたか記憶がない。

それにしても、私の遅刻を非難せず、話題にもしないのは何故だ。頭の隅でそれを考えながら、奉仕精神でひたすら喋りつづけた。

遠くから先に声をかけてもらい、どれだけ救われたことか。無視し、無言のすれ違いとなってもおかしくはなかったのに。

この何故？は聞きたくても聞きにくい。あまりにも突拍子もない出来事だったからだ。その後は最後までミカサに行くことはなく、ミカサのステーキはいまだに食べたことがない。

【作品データ：キネマの天地】
公開年：１９８６
監督：山田洋次
脚本：山田洋次、井上ひさし、山田太一、朝間義隆
出演：渥美清、中井貴一、有森也実、平田満、すまけい、美保純ほか

小林稔侍
人参食ったら怒られちゃったよ

小林稔侍さんは「俺は鈍い役者だからね、言われたほうがいいんだよ。**（山田）監督**のようにガンガン言ってくれる人はありがたいんだよ」と言う。稔侍さんのカットはテストの回数も多くなり、ＮＧも多くなる。「稔侍さん、違うよ。こうだってば！」と監督が声を荒げても「はい」「あ、はい」と殊勝な態度を崩さない。そのくせちっとも改善しない。これも極度の緊張が為せるわざだ。山田監督は緊張を解《ほぐ》す技を持ち合わせていないため、稔侍さんをどんどん追い込んでいく。稔侍さんはますます緊張する、の悪循環。何度もやらされる相手役が気の毒だ。**橋爪功**さんは嫌な顔一つせずに、全く同じ芝居を何度でもたんたんと演じている。「よく出来ますね、うんざりしませんか？　ボクなら顔に出ちゃうな」と言うと「俺は稔侍が好きなんだよ」とサラリと言った。橋爪さんはとてもシャイな人だ。

俳優やスタッフで稔侍さんとテレビドラマの仕事を一緒にした人間が口を揃えて言うのは「この組と他の現場での稔侍さんは別の人間のように違う」ということ。テレビの主役の現場では軽口をたたき、女性スタッフをからかったりとリラックスしているようだ。

ある日稔侍さんがこんなエピソードを話してくれた。2時間モノの人気シリーズで一日の撮影が終わり、帰宅してハッと気づいた。大事なセリフを言い忘れてしまったと。今日の場面で言っておかないと、犯人を追いつめる最後の場面が成立しなくなる。そんな大切なセリフを忘れてしまう俳優も俳優なら、気づかずに見逃してしまったスタッフもスタッフだと思うが。

翌日の現場で「監督、俺、昨日あのセリフ言ってないよ」と言うと、監督はうろたえもせず「あ、そうですか、じゃあ今日の場面で言いましょう」と言ったそうだ。稔侍さんは呆れていた。これでは監督を信頼できるわけがない。

山田監督は俳優への注文が多い。が、私が大船撮影所時代に就いた多くの組の監督でも演技に注文を出す人はほんの一握りだった。ほとんど俳優が監督からの指示、注文を待っている。しかし、その気持ちを満たしてくれる組がない。山田監督に傾倒する理由の一つにそれがある。

『家族はつらいよ2』（作品データは27頁）の公園ロケ。稔侍さんがスーパーの弁当を食べているだけの芝居。ここでも山田監督からダメが出た。「稔侍さん、人参なんて目立つもの食べないでよ！」「あ、はい」と稔侍さんは小さくなって返事をした。「人参食ったら怒られちゃったよ」とつぶやいた稔侍さんの顔は嬉しそうだった。

小林稔侍（左）と著者（2016年）

『小さいおうち』（作品データは16頁）では稔侍さんへのダメ出しが少なかった。すると「今回監督は俺のこと怒らねえなあ。いいのかなあ」と首を捻る。稔侍さんは何か物足りないそぶりだ。〝怒る〟〝怒られる〟という言い方をする俳優は他に見たことがない。私に向かって「そういえばあんたのことは怒らねえなあ」と言ったことがある。私は「怒られたら電車に乗って帰っちゃうもん」と返したが、稔侍さんは無反応で、うん、うんと分かる、分かるという感じで頷いていた。

山田映画では稔侍さんが歌う場面が出てくることが多い。稔侍さんは歌うことが苦手で下手だ。台本にはないのに歌わせられる。『**東京家族**』（作品データは16頁）居酒屋では「瀬戸の花嫁」を。♪愛があるからだいじょうぶなの～。音程が狂いっぱなしだ。「稔侍さん、違うよ！　こうだよ」と山田さんが歌ってみせる。これが嫌みなほどうまい！

『家族はつらいよ2』広島の高校出身者の同窓会。老人になった同級生が肩を組み校歌を合唱。撮影が終わると「今日は下手に歌ってよかったんだ。下手のほうがいいんだ」と言う。「わざと下手に歌ったの？」とからかうと「いや、そういうわけじゃないんだけど……」

落ちぶれてボロアパートの狭い部屋で暮らしている男（小林稔侍）が同窓会の帰りに主人公（橋爪功）の家に泊まりに行く。ふかふかのベッドの上で今日一日がどんなに楽しかったかを述懐する。ここでも台本には書かれていない歌を要求された。「長崎物語」♪濡れて泣いてるじゃがたらお春。老人の侘しさが欲しい場面だ。何度も何度も歌わされる稔侍さん。と、「稔侍さん、歌止めよう。歌わなくていいから深い溜め息をついて」山田さんが変更した。

ふーっ、と深い溜め息をつく男。私はジーンと胸に染みて瞼が熱くなった。それは見事な溜め息、芝居だった。

「溜め息良かったよな」山田さんが私に確認した。「良かったですよ」山田さんは「稔侍に歌止めさせちゃったからさ『溜め息良かったよ』って褒めてきてやってくれないか」と言う。

私が稔侍さんに伝言を伝えると、彼はこう言った。「あの溜め息はね、監督のことを思ってついたんだよ」

三國連太郎

"ごね連"は反骨の人だった

三國連太郎さんは反骨の人だった。『**鷲と鷹**』（57年公開）で大スター**石原裕次郎**と共演したときのこと。「裕ちゃんがセットの中で壁におしっこするんですよ。ライトの熱で室温が高くなるでしょう、匂ってくるんですよね」石原裕次郎といえば日活のドル箱スター、誰も咎める者はいない。みな腫れ物に触るようだった。「堪らずに『裕ちゃん、セットの中でおしっこするの止めてよ』って言ったんですよ。そしたら撮影所の関係者が青くなりましてね、大変でした」と言うと三國さんはハーッと小さな溜め息をついた。

『**釣りバカ日誌8**』（96年公開）のセット撮影の日、私は撮影部のチーフ、ロケマネと三人で茨城県のロケハンに行った。夕方撮影所に戻ると異変を知らされた。三國さんが撮影を拒否したので中止にしたという。撮影予定三番手の社長室のシーン。社長と秘書の二人芝居。テストを始めると「ボクはこの方（秘書役の女優）とは芝居出来ません」と言ったという。秘書役のＮＹはどこかの大会社会長の孫娘で、松竹の重役の推薦でキャスティングされたとか。推薦か押しつけられたのか真相は定かではない。私も詮索していない。プロデューサーと監督が納得していればいい話だ。

「彼女はどこにいるの？」とスタッフに聞く。「一人で控え室にいます」三國さんはすでに帰っていた。ＮＹは６畳の座敷に一人うなだれていた。台本を開げて稽古を始める。芝居は可もなく不可もない。私には分かっていた。三國さんは彼女の演技が未熟だから拒否したのではない。「役者が共演者に口出しするのはいけないことです」これが三國さんの口癖だ。大会社会長の孫娘で松竹重役の推薦で決まった、と誰かから吹き込まれたに違いない。反抗したくなったのだろう。でも、ＮＹに罪はない、と私は思った。

翌日、社長室の撮影。私は付きっ切りでＹの演技指導をした。「Ｙちゃん良くなってるよ、こう出来るともっといいんだけどな」三國さんは無表情のまま、私のほうに目を向けない。「三國さん、我慢して芝居して下さい」私は心の中で叫びつづけながら指導しつづけた。

このエピソードも三國連太郎は厄介な俳優だ、〝ゴネ連〟だの伝説に加えられてしまうのだろうかと心配になった。

御呼ばれした三國邸での晩飯後、興味深い話を沢山聞かせてもらった。

三國さんは『**今日もまたかくてありなん**』（59年公開）で十七世**中村勘三郎**（現勘九郎の祖父）と共演した。名優と謳われた勘三郎の晩年、銀座四丁目の交差点で出くわしたときのこと。「信号待ちで前を見たら背中を丸めた勘三郎さんが立っていたんです。向こうはボクに気がつかないで歩き出したんです。背中を丸め、よぼよぼ歩く姿は老人そのものだったんですけどね、ボクに気がつくと、背筋をピンと伸ばし、足取りも軽やかになりましてね、『や、連ちゃん、どーも』と声をかけてすれ違ったんですね。颯爽とすれ違ったんですけどね、信号を渡り切ったボクがふり返ると、また背中を丸め、よぼよぼと歩いていったんですよ」私はこの話が大好きだ。勘三郎さんが前にも増して好きになった。

初世松本白鸚（現幸四郎の祖父）と舞台で共演したときのこと。「その場は二人芝居だったんです。あの方、セリフ覚えはいいほうじゃなかったんですが、芝居の途中で次のセリフを忘れちゃったんです。ボクがいくら待ってもセリフを言わないでしょう、変な間が空いちゃいましてね、困っていたら『連ちゃんどうぞ』『連ちゃんどうぞ』って言うんですよ。忘れちゃったからボクに言えったってねえ。相手が言わないのにボクも次のセリフを言えないでしょう」

初世白鸚も名優と謳われている人。そういう人たちの人間的な一面が垣間見える話をどれほど聞かせてもらったことか。

『**釣りバカ日誌7**』（94年公開）の福井ロケ。ある夜大広間で大宴会があった。地元の人の歓迎会ということで豪華な料理が並べられている。食事前に恒例の偉い人（誰だったかは覚えていない）の御挨拶。「**西田敏行**先生、三國連太郎先生をお迎えして」と〝先生〟を連発。〝先生〟と言われるたびに三國さんは肩を竦めてうつむいていく。嫌で嫌で堪らないのだ。大きな身体を小さく見せようとしている姿を見て、名優と呼ばれ、有名になると大変だなあと同情した。三國さんから立ち居振る舞いを教わる毎日だった。自分もかくありたいと思った。現在の私がどれくらい真似できているかどうか、いつも自分に問うてはいるが。

【作品データ：鷲と鷹】
公開年：1957
監督：井上梅次
脚本：井上梅次

出演：石原裕次郎、三國連太郎、月丘夢路、長門裕之、浅丘ルリ子ほか

【作品データ：釣りバカ日誌8】
公開年：1996
監督：栗山富夫
原作：やまさき十三
脚本：山田洋次、関根俊夫、荒井雅樹
出演：西田敏行、三國連太郎、浅田美代子、柄本明、室井滋ほか

【作品データ：今日もまたかくてありなん】
公開年：1959
監督：木下恵介
脚本：木下恵介
出演：中村勘三郎、三國連太郎、久我美子、高橋貞二、中村勘九郎ほか

【作品データ：釣りバカ日誌7】
公開年：1994
監督：栗山富夫
原作：やまさき十三
脚本：山田洋次、高橋正圀、関根俊夫
出演：西田敏行、三國連太郎、浅田美代子、名取裕子、寺尾聰、山岡久乃ほか

松たか子
男の中の男⁉

『**小さいおうち**』（14年公開、作品データは16頁）のクランクインして間もないころ、セットの美術が大直しになった。私は控え場所にいる松たか子さんに伝えに行った。理由を述べ「かなり待たせることになります」すると予想外の反応が返ってきた。「私、そういうの平気ですから」サラリとそう言ったのだ。

「鈴木ちゃんはいいなあ」**加藤剛**さんは『**ハラスのいた日々**』（89年公開）でそう言った。私が何待ちか告げにいくと「俳優は待つのが仕事だからさ、いくら待たされてもいいんだけど、理由が分かれば気持ちよく待てるもんな、でも教えてくれる助監督なんか他にいないよ」

私の言葉に松さんが「はい」と受けてくれてたら何の抵抗も感じなかったろう。が、「そういうの平気です」の中に、待つのは平気という意味の他に〝気遣い無用〟の意志も感じられたことに戸惑った。もっと正直に言えば「何て愛想のない女優だろう」と思った。

山田監督が**松本幸四郎**さん（松さんの父、現白鸚）にある会で顔を合わせた。「たか子がお世話になっております」と挨拶した後「御迷惑をおかけしているんじゃないでしょうか。何せ子どもの頃から男の子のような育ち方をしているものですから」と言ったと、山田さんは愉快そうに報告してくれた。

〝男の子のような〟――撮影が進むにつれて私はそれを確認していくことになる。

奥様（松たか子）が女中（**黒木華**）に足をマッサージさせる場面。撮影の前日、監督が「どんな感じになるのか見たい」と言った。衣裳部の畳の上に浴衣姿の松さんが仰向けに寝た。と、思うまもなく、自分でパッ、パッと裾を左右にまくりあげた。膝上太股当たりまで露わになる。松さんの足は、あちらこちらに大きく目立つ痣があり、お世辞にも美しくはなかった（足にもメイクを施すので、撮影には支障がないが）。他の女優なら「足が汚くて」とか「あちこち痣があるんですよ」とか照れ隠しもあって何か言うだろうが、彼女はずっと無言のままだった。その痣は舞台『**ラマンチャの男**』等の熱演、奮闘ぶりを物語っていると私は思った。彼女にとって誇らしいものなのか、そんなことも頓着しないのか私には分からない。

ともかく、ためらう素振りも見せずに裾をまくりあげた松さんに対し、どぎまぎし、うろたえた自分にやましさすら感じてしまった出来事だった。

山田組では号外が出るのは日常茶飯事だ。号外とは書き直された台本のこと。その日の朝も「号外です」と助監督からコピー用紙を手渡された。

嵐の夜。時子（松たか子）と正治（**吉岡秀隆**）の玄関での芝居。

風を受けた庭木が悲鳴のように唸る。時子、反射的に正治にすがりつき、正治はその肩をしっかり抱く。その瞬間、時子は急いで離れ、逃げるように廊下を去る。

夫の部下である正治に魅かれていく人妻時子、それを嵐の夜という状況の中で、具象化して見せる場面だ。号外では次のように変更されていた。

雷が光り雷鳴が轟く。時子、突如正治に唇を寄せ、口づけをする。次の瞬間、時子は身を翻して居間のほうへ去る。暗闇に取り残された正治の背後で雷が再び光る。

松さんがプロデューサーに「監督から変更の理由を説明してほしい」と申し出た。これは当然だ。撮影を積み重ね、創りあげてきた時子像というものがある。それは台本全体を読んでイメージした人間像でもある。

松さんは監督の説明に納得したらしい。テストが始まった。照明部が作った稲光が二人の顔を照らす。と松さんが吉岡さんの唇にぶちゅーっと、すごい圧力で口づけした。これにはびっくりした。キスシーンでは、テストは真似だけ（唇がつく直前で止める）ということが多い。「本テスト！」本番直前のテストで初めて唇を重ねる。私が立ちあったキスシーンのほとんどはこんな形で撮影された。ところが最初のテストから猛烈なキスをしたのだ。山田組はテストの回数が多い。何度も何度も、松さんは手を抜くことなく、相手の唇に押しつけるようなキスをやってみせた。

それは夫の部下に魅かれていった人妻が、恋情が抑えられない、自制が効かないというよりは、稲光によって何かに後ろから突き動かされたというような、偶発的な出来事にも見えるキスだった。

クランクアップが近づいたころ、吉岡さんが黒木華さんに言った。「松たか子は男の中の男じゃない」「ほんとですよね、恰好いい」

〝男の中の男〟とはうまいことを言うものだ。私の潤滑油など必要としない、本当に恰好いい女性だった。

【作品データ：ハラスのいた日々】
公開年：1989
監督：栗山富夫
原作：中野孝次
脚本：山田洋次、朝間義隆
出演：加藤剛、十朱幸代、益岡徹ほか

中嶋朋子
優等生が見せた〝ドヤ顔〟

「朋子ちゃんて繋がり駄目な人？」私は恐る恐る訊いてみた。相手は**中嶋朋子**。『**東京家族**』（作品データは16頁）の彼女の撮影初日は夫役林家正蔵との朝食シーン。記録係にとって、食事シーンほど嫌なものはない。何カットもあると、両手をどうしていたか、口の中に何を入れ、噛んでいたか、どれくらい残っている状態か等々、前のカットの尻と次のカットの頭を繋げるのに四苦八苦してしまう。俳優の中には自分で覚えていて、放っておいても繋げられる人がいる。これは芸歴の長い人に多い。特に子役出身者、例えば**吉永小百合**、**吉岡秀隆**。中嶋朋子は5歳でデビュー、ドラマ『**北の国から**』では吉岡秀隆の妹役、蛍で名を馳せた。繋がりは大丈夫だろうと、私は高を括っていた。ところが、2カット目のテストを見て愕然とした。1カット目の尻とまったく繋がっていない。まさか、と思いながら「朋子ちゃんて繋がり駄目な人?」と訊くと「はい!」と元気のいい返事。おまけにニコニコしていた。「おいおい勘弁してくれよ」私は心の中でそう叫んだ。**林家正蔵**が繋がらないのは覚悟していた。二人に神経を注がなくてはならないとは。高を括っていた自分が悪いのだが、彼女の笑顔が何と憎たらしく見えたことか。「『ごめんなさい。お世話をおかけします』くらい言えないのかよ」と嫌みの一つも言ってやりたかったがグッと飲み込むしかなかった。繋げるのは私の仕事の一つだからだ。

撮影に入ると繋がり以外は何の問題もない。**山田監督**はその場でセリフや動きを変えていくことが多い人だが、どんな注文にも「はい」「はい」と戸惑うことなく柔軟に対応してみせた。

そんな中嶋朋子が一度だけパニックに陥ったことがある。

病室で家族に看取られながら母親が死ぬ場面。ひとしきり泣いた後、長女(中嶋朋子)が長男(**西村雅彦**)に声をかける。「お葬式どうするの、兄さん」広島から子どもたちに会うために上京した母は東京で死んだのだ。

親戚は向こうに多いのだから田舎でやるべきだろうと答える兄に「じゃあ、こっちでお骨にして田舎へ」と訊く妹。この芝居でつまずいた。

「もっと軽い調子で言って」「サラッと言ってよ」中嶋さんの芝居が違うとダメ出しをつづける監督。

家族の一人が死んだとき、残された家族にはやらなくてはならないことがある。葬儀もその一つだ。それが人間社会だ。監督はそのおかしさ、あるいは哀しさを表現したかったのだと思う。妹の芝居は母を亡くした感情を引きずっていた。何度「軽く」と言われても軽い感じにならなかった。延々とつづくNG。朋子ちゃんを見ると、顔に生気がない。目も虚ろだ。「朋子ちゃん、〝クララ〟にいるつもりで言ってみたら」私が発したその言葉は咄嗟に出たものだった。

〝クララ〟とは長女が経営する美容室の名前だ。病室のセットで芝居している中嶋さんに、クララ美容室にいるつもりで芝居しろ、と支離滅裂なことを言ったのだ。

すると、次のテイクで、監督の「OK」という声が響いた。

中嶋さんが私の元へ走ってきた。「ありがとうございました。頭の中がまっ白になってしまって、監督が何を言っても理解できなくなっていたんです。ほんとうに助かりました」と礼を言う。この出来事は何だったのだろう。私は的確なアドバイスをしたわけではない。突拍子もないことを口走っただけのことだ。母の遺体を前にして、彼女が美容室にいるつもりになったとは思えない。外圧とは違うが、監督の声以外の声が発せられたことに意味があったのか。現在に至るも私は分からないでいる。

翌年『**小さいおうち**』（作品データは16頁）での中嶋朋子の演技には驚かされた。中嶋さんの役は主人公（松たか子）の親友の役で、台本には

睦子（中嶋朋子）はカーキ色のスーツ、髪を引っ詰めにし、ひどく地味な姿である。

と書いてある。

衣裳合わせで山田監督は「朋子ちゃん、グレタ・ガルボとかマレーネ・ディートリッヒとか知ってる？」と突然往年のハリウッドの名女優の名前を口にした。男装の美しさ、その妖しい魅力にいかに魅かれたかを滔々と語り「あんな感じが欲しいんだよなあ」と告げる。意表を突かれた中嶋さんはうろたえていた。「レズビアンの匂いがするというかさ」と、嵩に懸かる監督。女中タキ（**黒木華**）のナレーションに

「睦子さんは奥様の親友で男のような人でした」

とあり、タキの手を握りとか肩を抱くようにとか身体に触れる指示が目立つト書が多かったが、「レズビアンの匂い」と明確な言葉で注文されるとは予期していなかったようだ。

衣裳合わせの後、廊下に出た中嶋さんは「どうしたらいいんだろう」と途方に暮れた顔で私を見つめた。

撮影には時間がかかり、帰りが遅くなると私はエゴイスチックな考えで頭が一杯になっていたのだが……。

当日、撮影は快調なペースで進んだ。「たくさん考えて、考えなしに演じて下さい」と監督から言われたという中嶋さん。たくさん考えてきたことがカメラの前に立った時伝わった。何とも妖しい魅力の女性がいたのだ。〝考えなしに演じる〟これを実践するのは難しい。監督から注文が出たらそれをこなす、それ以外の余計なことはしない、彼女はそれが出来る女優だった。

予定時間より遙かに早く撮影が終了。私が「凄いじゃないか、全部一発ＯＫだったよ」と声をかけると、私にハイタッチ。私に向けた顔は満面の笑みの〝ドヤ顔〟だった。

夏川結衣

ステージの隅で泣いちゃった

〝イジられキャラ〟の人はどこの社会にもいるようだ。最近の**山田組**では**夏川結衣**さんがそう見える。山田組初出演の『**東京家族**』（作品データは16頁）、専業主婦の文子（夏川結衣）の居間のシーンで、山田監督が「夏川クン、ちょっとアンニュイな感じが欲しいんだけどな」と声をかけた。演出中に外国語を使うのは珍しい。

意表を突かれた夏川さんは「アンニュイ?」と、キョトンとした顔をした。すると、「アンニュイったってキミには分からないか」とからかうように言い、「ワハハハハ」と豪快に笑った。アンニュイはフランス語とはいえ、日本語化していて、日常会話でも使われている。夏川さんが知らないはずがない。山田さんのジョークなのだが、山田ジョークは相手に伝わらないことがままある。

驚いたのはそのカットの終了後だ。夏川さんが待機中の俳優の所に行き「アンニュイったってキミには分からないだろうって言って笑うのよ」と言ったのだ。「失礼よね！」という気持ちを含みながら、笑いをとろうとしているようにも見えた。監督がからかうのは夏川さんだけだったが、からかわれる度に夏川さんは、からかわれたと言いふらして回っていた。

また、レギュラー女優の中で夏川さんだけには声を荒げることがあった。「私、ステージの隅の壁の前で泣いちゃった」と共演者に告げる。私には初めてのタイプの女優で、どう扱っていいのか分からないまま、『東京家族』ではほとんど私語を交わしていない。


『家族はつらいよ2』（作品データは27頁）の横浜ロケ。16年8月9日。その日は記録的猛暑で、東京でも40度近くなった所があった。ロケ現場に立っているだけでクラクラ目まいがし、頭がボーッとして思考停止状態になる。おまけに湿度が高く汗が吹き出ない。滲み出る汗で服が肌にまとわりつく。そんな最悪の環境下で、夏川さんが夫（**西村雅彦**）を送り出す朝の場面の撮影が行なわれた。

テストが始まる。夏川さんは顔を歪め額にいく筋もの皺が出ていた。猛暑日という設定ではない。平凡な日常の朝の風景だ。皺が目立つのはまずい。

私は「額の皺がすごく目立つの。つらいだろうけど本番のときだけ我慢できないかな」と声をかけた。彼女は信じられないという表情で私を睨みつけた。

若いスタッフでも、犬のように口を開き、ハァーハァーと荒い呼吸をしている者もいるほどの過酷な暑さだ。でも、「あなたは女優なんですよ」と私は言いたかった。

松竹大船撮影所時代、先輩たちから色々なことを教わった。昔の女優は夏場の撮影では朝から水分を摂らなかったという。当時のロケでは女性にトイレの配慮ができなかった。現在では女性スタッフの数も多く、配慮されている。コンビニ、公園他借りるのに苦労しなくなってもいる。水を飲まない最大の理由は汗が出るからだ。化粧を施した顔に汗は禁物だ。真冬に夏のシーンを撮ることもある。ロケではスタッフは防寒具を身につけたままだが、俳優は半袖姿にさせられる。汗が要ると霧吹きで水をかけられる。セリフを言うと口から白い息が出る。本番直前に用意しておいた氷が俳優の口の中に放り込まれた。これは何度も目撃している。

役柄によっては太ったり痩せたりもする。一般人が経験しないことにも対処しなくてはいけないのが俳優というものだ。それが嫌なら、出来ないなら、俳優にならないことだと私は思っている。

その日から夏川さんは私に挨拶をしなくなった。「人間の生理を無視した非常識なヤツ」として嫌われたようだ。挨拶しないくらいだから私語も交わさない。それでも私の業務に支障はない。繋がりだけ注意しにいけば事足りた。

それから3年後。『**家族はつらいよⅢ妻よ　薔薇のように**』でのこと。映画のラスト近く、一騒動あった一家が元の鞘に収まっての家族団欒の場面。夏川さんだけ目立つ芝居、動きを要求された。本番で監督の「はい」がかからない。テストでやった芝居は済んでいるのに「はい、ここまで」の声がなかった。俳優は終了の声がかかるまでは芝居をつづけなくてはいけない。これは滅多にないことだが、この時の夏川さんは必死でアドリブ芝居をつづけていた。

やっと「はい！」の合図があり、俳優がセットを出ていく。私は夏川さんに「終わりのハイがかからないから焦ったでしょう」と声をかけた。「もう必死よ」と言う夏川さんに「でも自然で良かったよ」と言うと「ありがとう」とホッとした顔を見せた。

その後、夏川さんは私に挨拶してくれるようになった。

番外編として、相手に通じなかった山田監督のジョーク(?)を一つ。

セット撮影での出来事。何回かテストを重ね、次は本番となったとき、録音助手から「待った」が入った。「ブザーが故障したんでちょっと待って下さい」録音技師はステージの隅にいて、「ヨーイ、ハイ」の掛け声の後、手元のブザーボタンを押す。その後助監督がカチンコを打つ。「ヨーイ、ハイ」〝ブーッ〟〝カチン〟と続くわけだが、そのブザーが故障して鳴らせないという。その時山田監督が「ブザーの代わりに口で言えよ!」とイライラした感じで叫んだ。ブザーの代わりに録音技師が「ブーッ」と叫べと言うのだ。ステージの中が凍りついた。技師が叫んだら、みな笑ってしまい、芝居が出来ないだろう。

一同沈黙し息を詰める。私は慌てて「今の迫力で言われたら、本気にしちゃうよなあ!」と監督の発言を強引にジョークにしてしまった。スタッフのホッとした顔は忘れられない。しかし、あれはジョークなのか、本気だったのかは今でも分からない。ジョークにしては迫力がありすぎたからだ。

【作品データ：家族はつらいよⅢ　妻よ薔薇のように】
公開年：２０１８
監督：山田洋次
原作：山田洋次
脚本：山田洋次、平松恵美子
出演：橋爪功、吉行和子、西村雅彦、夏川結衣、中嶋朋子ほか

PART 2
▼
2008

『男はつらいよ望郷篇』（1970 年公開）北海道ロケにて、渥美清（右）と著者（左）

吉永小百合
この人に欠点はあるのか

「お見えになりました」――廊下からスタッフの声。室内に緊張が走る。築地にある松竹本社の会議室、平成18（2006）年12月、映画『**母べえ**』の最初の打ち合わせである。

待ち受けるスタッフの中には私もいた。松竹で助監督を務めていた私は、この年の5月に定年退職したのだが、**山田洋次監督**から請われて記録係をすることになったのだった。

紺のジャケットにスカート、メガネをかけた**吉永小百合**さんが入ってきた。まぶしい！これが私の第一印象。装いに派手さはなく使い慣れたものという感じ。化粧もしていないように見える。白い肌の美しさ、身のこなしの品のよさ、控えめの態度。〝この女性に欠点はあるのかしら？〟生来天邪鬼な私の好奇心の虫がうずいた。

今作で小百合さんは二児の母親役を演じる。その娘を演じる子役たちは緊張でコチコチだ。笑顔で優しく話しかける小百合さん。自分も子役から芸能活動を始めた小百合さんだけに、初対面の大人のスタッフに囲まれて緊張する子どもの心理がよくわかるらしい。

するとまた「お見えになりました」の声。小百合さんの夫役、**坂東三津五郎**さんが歌舞伎座から駆けつけたのだ。小百合さんは子どもたちを促し、入り口に3人並んで出迎えた。「野上家の家族でございます」。坂東さんはにっこり微笑み、子らの頭に手を置いた。

年が明け、平成19年1月、撮影所での衣装合わせが始まった。和室の隅にカーテンで仕切られた着替え用のスペースに小百合さんが入る。今選んだ衣装を試着するためだ。そこへ共演者の**浅野忠信**さんが到着、浅野さんと打ち合わせが始まる。彼は小百合さんが間仕切りの中にいることは知らない。と、着替え終わった小百合さんが、カーテンを開け、出てくるや否や畳の上に正座し、両手をついた。「はじめまして、吉永小百合でございます。どうぞよろしくお願いいたします」。浅野さんの頬はみるみる紅潮。「あ、あの、ア、浅野です」と言いながら正座し、深々と頭を下げた。

共演者には自分から先にあいさつし、出番の終わった人には「ありがとうございました」と声をかけ、頭を下げる小百合さん。一方では、針仕事、オルガンを弾きながら歌う、洋服を着たまま泳ぐ——こういう芝居も見事にやってのける。陰で猛特訓しているのだ。

「私は下手だから……」待ち時間の雑談中、小百合さんは少し恥じらいながら何度かそう言った。「だから努力するしかないのだ」という意は汲めても、私は何と答えればよかったのだろう。「そうですね」とは言えない。「そんなことないですよ」も天下の大女優に失礼ではないか。仕事に対してのひたむきさに頭の下がる思いばかりで、欠点など発見できずじまい。

「寝酒は？」と聞くと、「赤ワインか紹興酒をチンして……少しね」とのこと。

【作品データ：母べえ】
公開年：2008
監督：山田洋次
原作：野上照代
脚本：山田洋次、平松恵美子
出演：吉永小百合、浅野忠信、壇れい、志田未来、佐藤未来、坂東三津五郎

三國連太郎

〝ごね連〟がごねた⁉

20年続いている人気映画シリーズ「**釣りバカ日誌**」。私はその第1作から10作まで助監督を務めた。

主演は**西田敏行**と**三國連太郎**。撮影前、私は三國連太郎と聞いて怖気づいた。自己主張の強いトラブルメーカーで、〝ごね連〟（ごねる連太郎）と呼ばれてきた俳優だ。

ところが撮影が始まってみると、腰が低く物静かな方で、一体あの噂はなんだったのかと拍子抜けするほどだった。

しかし、撮影も終盤、遂にというべきか、恐れていたことが起こった。

夜の9時過ぎ、スタッフルームで用事を済ませた私がセットに戻ると中がシーンと静まり

返っている。異常事態だ！　セット内に建てられた社長室。スタッフ全員がうつむいている。社長の席にいる三國さんも口を真一文字に結んで目を落としている。「このシーンは演じられません」と三國さんが演技拒否したらしい。〝ごね連がごねた〟のである。

社長室で社長役の三國さんが同じ会社の平社員（西田）から電話を受けるシーン。同じ会社の人間だとは知らずに、ふたりは釣り仲間になる。やがて社長は事実を知るが、相手には伝えず、付き合いを続けた。後に平社員の妻が気づき、社長が隠していたことをなじり別れる。平社員夫婦は高松に転勤する新幹線の車中から「ちゃんとお別れを言おう」と電話する。電話を受けた社長の胸が熱くなる——というシーンを拒否したのだった。

「僕は浜ちゃん（平社員）とは訣別している。電話がかかってきたからといって調子よく合わせられない」と三國さんは言う。確かに作り手のご都合主義とも言えた。しかし「お客さんはどう思うでしょうか」と私が言うと、お客さんという言葉に三國さんがピクッと反応した。「ふたりの関係がまた元に戻るかもしれないと思いたいんじゃないでしょうか」。三國さんはしばらく考え込んでから「わかりました。やるだけやってみます」と応じた。

翌日、ロケ撮影の朝。現場に到着した三國さんは真っ直ぐ私に向かって歩いてきた。「昨夜は無理やり芝居させやがって」と怒りをぶつけられるのか、とドキドキした。三國さんは

「昨夜はごめんなさい。役者というのは自分のことしか考えられないもので……」と謝るではないか。恐縮した私は何も答えることができなかった。

その後、現在に至るまで三國さんは私を可愛がってくださり、自宅には何度も呼ばれ、食事を御馳走になったり、電話で長時間おしゃべりする関係が続いている。「この歳になると周囲の人間は心地良いことしか言わなくなる。それは危険なことなんでね」と三國さん。「あなたは思ったことをはっきり口にするからいい」と言ってくれるのである。が、名優に向かって「お客さんのことを考えて」と口にしてしまったあの夜のことを思うと、私は今でも赤面してしまうのである。

三國連太郎（2）

差別を嫌い誰に対しても「さん」付けで

三國連太郎さんは誰に対してもさん付けで呼ぶ。わたしも初めて会ったときから「鈴木さん」と呼ばれた。また、相手によって態度、話し方を変えない。撮影現場で監督と若い見習いスタッフを同じに扱う。区別差別しない。これはなかなかできることではない。事実三國さん以外に誰一人知らないし、私も真似できないでいる。

「三國さんは誰に対しても丁寧な言葉づかいをされますが、それはいつからそうなったんですか」と聞いてみた。三國さんは意表を衝かれたように首をひねり「うーむ」と唸った。

「……よくわかりませんけれども（これは口癖）軍隊に行ってからですかねぇ……」

１９４３年12月、20歳の三國さんは召集され中国大陸の前線へ。部隊は千数百人だったが

生きて祖国へ帰れたのは2、30人に過ぎなかった。「軍隊の厳格な上下関係、あれが嫌だったんですねぇ。上官からずいぶん殴られました」。

『**釣りバカ日誌2**』で宣伝部員が出演させられた。新聞記者の役でセリフもある。何回も何回もテストが重ねられた。監督が罵声を浴びせる。緊張し、怒鳴られたことで萎縮し、演技はますます目の当てられないものになっていく。これは撮影現場でまま見る光景だ。カメラ脇で見ていた三國さんの顔が引きつった。三國さんの眼には弱い者いじめに映るのだ。役者をしごき震え上がらせることで有名な舞台演出家の話題になった時、「彼だってヒラミキ(平幹二朗)に灰皿は投げませんからねぇ」と言った三國さん。相手によって態度を変えることが心底嫌いなのだ。

さて、新聞記者役の素人の演技にやっとOKが出た。「さ、みんな拍手!」と私がスタッフに拍手を求めると、まっ先に三國さんが拍手し、スタッフ全員が宣伝部員に拍手を送った。

三國さんの苦手のひとつは人の名前を覚えられないこと。これは生まれつきらしい。俳優の演技論をしていたときのこと。「あの方、何ていいましたかねぇ、ボクが新聞記者役で共演した……」と聞かれた私は、必死に三國さんの新聞記者役の映画を思い出し、共演者の名前を挙げていく。何せデビュー作『善魔』が新聞記者の役だった。たどり着いた女優の名前を聞いた私は唖然とした。〝吉永小百合〟さんだったのだ。「いくら何でもひどすぎます！」と語気を荒げると、三國さんは「へへへへへ」と照れくさそうに笑った。

三國さんは4度結婚。「ボクも女では色々ありましたがねえ、○○（奥様の名前）と結婚してからは何もないのよ」と私に強調したことがある。

ある時セットの片隅で呼ばれた私が振り返ると、三國さんの大きな掌の上にはこぼれ落ちそうな数のサプリメント。奥様の徹底した健康管理。三國さんは「これですからねぇ」と苦笑した。

【作品データ：釣りバカ日誌2】 公開年：1989
監督：栗山富夫　原作：やまさき十三、北見けんいち　脚本：山田洋次、堀本卓
出演：西田敏行、三國連太郎、石田えり、谷啓、原田美枝子ほか

【作品データ：善魔】 公開年：1951
監督：木下惠介　原作：岸田国士　脚本：野田高梧、木下惠介
出演：淡島千景、三國連太郎、千田是也、森雅之ほか

三國連太郎（3）

芝居ではどんなときも「本気」に

三國連太郎さんの飛行機嫌いは有名だが、高い所が苦手なのだ。『**息子**』の青森ロケでホテルの15階の部屋に通された三國さんは慌てて製作部に電話した。「もっと低い階にしてもらえませんか」と。眺望のいい部屋をと気を遣ったつもりのスタッフが理由を聞くとこう答えた。「怖くて窓のそばに行けないもんだから、部屋の半分くらいのスペースしか動き回れないんですよ」。

地震も大の苦手だ。『**釣りバカ日誌9**』のロケ地鹿児島県川内市が、ロケに行く直前大地震に見舞われた。セット撮影中の三國さんは落ち着かず「地震が来たらどうするの？」と何度も私に聞く。何とかかんとかなだめすかして連れて行き、撮影中地震もなく事無きを得た。

『釣りバカ日誌９』北九州ロケにて、三國連太郎（右）と著者（左）1997年

が、翌年の『**釣りバカ日誌10**』では、地震で揺れが止まらない静岡県伊東市へ行かざるを得なかった。旅館に着くと頻繁に揺れを感じた。夜の11時過ぎ、心配になって三國さんの部屋を訪ねた。案の定、壁にもたれて不安げな表情の三國さんがいた。Gパン姿なので「寝巻きに着替えないんですか」と聞くと、とんでもないというふうにぶるぶるっと首を振った。「夜中に大きな地震が来たら逃げ出さなくちゃいけないでしょ」――結局この夜は一睡もできなかったらしい。

農民役の『息子』では茅葺き屋根を修理する場面があった。急斜面の屋根に乗るのは私でも怖い。地下足袋姿の三國さんに「大丈夫ですか」と声をかけた。「はい、大丈夫」と弱々しく答えた三國さんの頬は強張り、目はうつろだった。

三國さんは芝居となると本気で演る。『**夜の鼓**』で不義密通をした妻を殴打する場面。三國さんが力一杯ひっぱたいて相手の女優を失神させてしまったという話も有名だ。「あれは違うんです」と三國さんが真相を語ってくれた。「女優が生意気だと嫌っていた今井さん（**今井正監督**）が『連ちゃん、本気でひっぱたいてよ』とボクに耳打ちしたんですよ。で、言われたとおりに叩いたら相手は倒れたままピクリともしないじゃない。失神しちゃって救急車で病院行きですよ。頬にボクの手形が残って赤く腫れ上がっちゃったから腫れが引くまで撮影中断で大変だったんですよ」――監督の命令に従っただけだと言うのである。

三國さんは優しい。ロケ撮影でカメラ前に向かっている時、見物人が色紙を差し出すと立ち止まりサインする。「撮影があるので」と断る俳優が大半で、「終わってからしますので」と断る俳優が稀にいる。三國さんのようにスタッフが間に入って止めるまでサインし続ける俳優は見たことがない。

「昔、渥美ちゃん（**渥美清**）に『連ちゃんは嘘つきだ』って言われたことがあるんですよ。『昨日と今日と言うことが違う』と。でも昨日は本気でそう思い、今日は本当にそう思ったのよね」と、私に言ったことがある。でも、それってやっぱり嘘つきじゃ……。

【作品データ：息子】公開年：1991
監督：山田洋次　原作：椎名誠　脚本：山田洋次、朝間義隆ほか
出演：三國連太郎、永瀬正敏、和久井映見、田中隆三、原田美枝子、田中邦衛

【作品データ：釣りバカ日誌9】公開年：1997
監督：栗山富夫　原作：やまさき十三、北見けんいち　脚本：山田洋次、朝間義隆
出演：西田敏行、三國連太郎、小林稔侍、風吹ジュン、浅田美代子ほか

【作品データ：釣りバカ日誌10】公開年：1998
監督：栗山富夫　原作：やまさき十三、北見けんいち　脚本：山田洋次、朝間義隆
出演：西田敏行、三國連太郎、金子賢、宝生舞、浅田美代子ほか

【作品データ：夜の鼓】公開年：1958
監督：今井正　原作：近松門左衛門　脚本：橋本忍、新藤兼人
出演：三國連太郎、有馬稲子、森雅之、中村万之助、雪代敬子ほか

浅野忠信

「違う役柄を演じたかったんです」

かつて小津安二郎、木下恵介など、名監督の現場を小津学校、木下学校と呼んだ時代があった。そこで学び、演技開眼した俳優を数多く生み出したからだ。現在、**山田洋次監督**の現場を山田学校と呼ぶ人は多い。その学校へ俳優**浅野忠信**が入校した。

映画『**母べえ**』(作品データは70頁)の浅野さんの役〝山ちゃん〟は、思想犯として逮捕され、主のいなくなった母子家庭を助ける不器用だがユーモラスで明るい青年。ニヒルでクール、謎めいた男という役柄が多かった彼にとって初挑戦といってもいい役だ。

撮影開始前の読み合わせ、その初回。会議室で私服の俳優たちが台本のセリフを読み上げる。シーンが進み、山ちゃんの出番になった。と、浅野さんはとんでもないほど甲高い声で

セリフを言った。喉を締めつけられたような声、時折裏返ってしまう。おどけているように見える。浅野忠信といえば、ボソボソと低い声で呟くように言うイメージが定着している。同席している誰一人表情を変えず、笑いもしない。それは奇妙な光景だった。

読み合わせが終了し、俳優が出て行く。監督が私に言った。「困ったなあ……、浅野君、どうしよう」――作りすぎは山田さんが最も忌み嫌うものなのだ。

撮影所の食堂で、旧知の俳優**柄本明**さんに会った私は、浅野さんがどういう人間か聞いてみた。「えっ、浅野？　あれは普通の人間」「普通のってどういうこと？」

「だから普通なのよ。自分をスターとも思っていないし、俳優を特別な人間とも思っていないの。職場に仕事をしに来ているって感じ。でも、役者としちゃ凄いよ、アイツ」

翌日、浅野さんに話しかけてみた。人柄の良さが伝わってくる。小学生の娘、照べえ役の**佐藤未来**は、人懐っこい性格で誰にでも絡み付いていくのだが、嫌がらず最後まで相手をしていた人がふたりいた。ひとりが**吉永小百合**さんで、もうひとりが浅野さんだ。

不器用でドジという設定を除けば、浅野さんそのものが山ちゃんだった。

山ちゃんが子どもたちにつらいことを告げる場面。延々と執拗に繰り返されるテスト。本番は一発ＯＫ。「ＯＫ！」監督は轟き渡るような大声を発した。浅野さんの目の周りが、ポーッと赤くなった。「嬉しかったです」と浅野さん。「たまには褒めたほうがいいですよ」と進言すると、山田さんは言った。「面と向かって褒めるなんて、照れくさいじゃないの」。

最終日、浅野さんは言った。「今まで同じような役ばかり回ってきて、違う役柄を演じたかったんです。今回、監督からいっぱい言われたのが嬉しかったです」と。吉永小百合さんも言った。「毎日、山田学校に通っている気持ちだったのよ。いろいろ言ってくれる人が少なくなっちゃったからね」。

志田未来

セットで流した悔し涙

『**母べえ**』（作品データは70頁）のクランク・イン前、原作者の**野上照代**さんに「山田さんて、子役の扱いうまいわね」と言われた私は、思わず「えーっ!?」と素っ頓狂な声を上げてしまった。確かに**山田監督**作品の子役は印象に残る良い演技をしている。が、扱いがうまいといえるかどうか。監督はこういう芝居をしろ、と命じるだけで具体的に指導しているのは助監督たちなのだ。

『母べえ』では幼い姉妹も主役の一員だ。姉の初べえを演じたのは**志田未来**（14）。テレビドラマ『**女王の教室**』『**14歳の母**』等で人気上昇中の子役だ。私は初べえ係を買って出た。彼女に将来大女優になる可能性を感じていたのと、何よりもファンのひとりだったからだ。

志田未来（左）と著者（2007 年、『母べえ』撮影時第 8 ステージ）

子どもは褒めるに限る。褒めればやる気が出てくる。監督から芝居の注文が出ると、私は未来のそばに行き、理解できる言葉で伝え、「やって見せて」と特訓開始となる。「もう少しこうできないかな」「こうできるともっといいいんだけどな」――少しでも進歩が見えたら「そう！　そうだよ。できるじゃないか」と乗せまくる。せっかちな山田さんは声を荒げ、「違うよ、そうじゃないよ！」と苛立ちはじめる。萎縮する未来。私は冷静に「大丈夫だよ、今のでいいんだ。でも、あそこがこうできるともっといいんだけどな、やってみて」と特訓を続ける。

未来は礼儀正しく利発な子だが、好感が持てないところがあった。こちらが話している時、眉間に皺を寄せるのと、「はい」「はい」といちいち声を発することだ。過度に連発されると、理解しているのかどうか疑わしくなってくる。

案の定山田さんは「あの子どうしていちいち『はい』『はい』って言うんだい。すぐ眉間に皺を寄せてさ」と。

この際だから特訓しようと私は決めた。今の子は頷きはするが「はい」と声に出す子は少ない。「はい」と返事をすることを本当は褒めなければいけないのだが、好感が持てなければ意味がない。かくて話の聞き方、返事の仕方の特訓が始まった。彼女には初めての体験だったろうし、将来もまずないだろう。私だって好感を持っていなければしなかった（未来ちゃん、失礼なことをしてごめんね）。

クランク・アップが近づいた頃、彼女はインフルエンザに罹ってしまった。異変に気付いた**吉永小百合**さんから告げられ、撮影を中断、山田さん自らが自分の主治医の元へ連れて行った。セットステージを出る時、未来の大きな瞳から大粒の涙がこぼれ落ちた。不甲斐ない自分に対する悔し涙――私にはそう見えた。

映画の公開初日、築地で打ち上げがあった。「本当にいろいろとありがとうございました」と礼を言う未来に「学校にもちゃんと行って、友達を大切にね」と言うと、「私の宝物です」

と満面の笑みを浮かべて言った。

「将来美人になるなあ」――山田さんの言葉を伝え忘れてしまった。

桃井かおり
主演女優が仕切る現場

「**桃井かおり**、監督を無能呼ばわり！」という大見出しの記事が、スポーツ新聞の朝刊に載った。あれから30年経ったが、いまだに主演の俳優と映画監督間のトラブルはある。もっともスポーツ界にもあるのだから、映画界にあっても不思議ではないのだが……。

桃井かおり主演の松竹映画に助監督として就いた私は気が重かった。〝わがまま女優〟として名を馳せている人だったからだ。監督は他社出身の人で、この監督とも初仕事。トラブルの連続、現場の重苦しい空気が予想された。そして結果は予想どおりだった。

打ち合わせで私は「かおりちゃん」と呼んだ。初対面の相手をちゃん付けで呼ぶのはかなり勇気がいる。相手が不快感をみせたらアウトだ。が、個性の強い癖のある人間に対しては

相手の懐に飛び込んだほうがいい。これは現場で覚えた私の知恵だ。かおりちゃんはすんなり受け入れてくれ、以降撮影中は私が唯一といってもいい話し相手、相談相手になった。スタッフは皆「桃井さん」と呼び、監督は陰では「かおり」と呼び捨てにし、面と向かうと「桃井さん」と呼んだ。これが最悪のケースだ。

撮影はかおりペースで進行した。彼女は脚本どおりに動いたり、書かれているとおりのセリフは言わない。「私はこう動く」「私はこう言う」「こういう芝居をする」と自己主張する。監督は彼女の言いなりで、リーダーが誰かわからないリーダー不在の現場だった。

物語の終盤にベッドシーンがあった。これは後で知った話だが、撮影開始前の打ち合わせで「相手の男が一方的に私を好きになるという設定にしてほしい」彼女が申し入れると、監督はOKしたという。ところが競演した男優が逆に「かおりが俺を一方的に好きになるようにしてくれ」と言うと、これにもOKを出したというのだ。これがすべてのトラブルの元になったのは間違いない。

その撮影の前日、東京ロケが終わった現場で彼女に声をかけられた。「博士、M（監督の名前だが、この頃はもう呼び捨てだった）知らない?」彼女は私を博士と呼んだ。その理由は聞き損なった。なぜか違和感もなかったし……。

明日のベッドシーンのことで、今日打合せすることになっていたのだが、姿が見えない、と言う。彼女は「逃げたのね」とウンザリした顔で言うと、タバコの煙をふうーっと吐いた。「そんなはずないよ、ちょっと待ってて」と私が周辺を探し回って見た。大通りの向こう側に停まっているロケバスの陰に身を潜めている男がいた——監督だ——隠れて逃げるつもりだったのだ。これらの事情を知らないスタッフの間で桃井かおりの評判は悪くなる一方だった。「わがままだ」「監督を立てないのはおかしい」等々。

昨年、テレビのインタビューでかおりちゃんを見た。「私も年を重ねたからさぁ、丸くなってるわけよ。だから使って」あの舌足らずの口調は今でも変わらない。

津川雅彦

恩人への恩返し

「おい、お前！　俺が何年役者をやっていると思ってるんだ！」ものすごい剣幕で津川雅彦さんが怒鳴った。怒鳴られたのは私、35年前の話だが、今でも鮮明に覚えている。

1973年公開の映画『**花心中**』で私は記録係を務めた。他社では女性のスクリプターがやる仕事を、松竹では助監督のひとりが担当した。神経を使う骨の折れる仕事で、へとへとの毎日だったが、新米なりに一所懸命だった。

映画はカット（ショット）とカットの連続でできる。連続するカットの前後は同じにしなくていけない。例えば、右顎に手を当てていた人物が、別のカットで左顎に手を当てていると、突然手が移動してしまい、観客はギョッとしてしまう。ところが、1カットの撮影後、

次のカットを撮影する準備のために標準で10分から30分の時間が必要。時には1時間後であったり、翌日あるいは3日後ということもある。右手か左手かを記憶し、俳優に伝えるのが記録係の仕事のひとつだ。

その日、セットで撮影中、津川さんが繋がりを間違えた。前のカットで腕組みしていたのだが、次のカットのテストでは両手を机の上に置いていた。カメラの脇にいた私が注意した。「津川さん、前のカットで腕組みしてましたから、腕を組んでください」「え？　さっき俺、机の上に手を置いてたよ」「テストはそうだったんですけど、本番は腕組みしてましたので」。俳優が本番（カメラを回し撮影すること）だけテストと違う動きをすることは、ままある。ところが津川さんはテストはすべて両手を机の上に置いていたので、机の上と思い込んでいる。どちらの記憶が正しいか押し問答を繰り返していた時、冒頭に書いた激怒となったのだ。

監督が津川さんに同意した。「長いものに巻かれろか。なんて理不尽な！」と腹が立ったが、後に私は反省した。スタッフの前で大声で指示した私が悪かった。キャリアのある津川さんのプライドを傷つけてしまったのだ。それに気付いてからは、俳優のそばに行き、耳打ちすることにした。以降何のトラブルも発生しない。私にとって津川さんは口の利き方を教えてくれた恩人だ。

10年後『**迷走地図**』という映画でまた津川さんとご一緒した。当然だが、津川さんは私を覚えていない。劇中、歌謡曲を歌う場面があった。「誰か教えてくれる？」と津川さんに言われ、私が買って出た。控え室での特訓。何と津川さんは音痴だった。何度も何度も歌ってみせるがなかなか覚えられない。撮影当日も付きっきりで、暇さえあれば歌ってあげ、無事撮影が終了した。

出番を終え、「お疲れさま」とスタッフに挨拶しながらステージを出て行こうとしていた津川さんが私の前で立ち止まった。そして「お世話になったね、ほんとうにありがとう」と深々と頭を下げてくれた。私は恩返しができたと思い「私こそありがとうございました」と心の中でつぶやいた。

【作品データ：花心中】
公開年：1973
監督：斎藤耕一
原作：阿久悠（作）、上村一夫（画）
脚本：福田陽一郎
出演：近藤正臣、津川雅彦、中野良子、横山リエ、森本レオ

【作品データ：迷走地図】
公開年：１９８３
監督：野村芳太郎
原作：松本清張
脚本：野村芳太郎、古田求
出演：勝新太郎、岩下志麻、渡瀬恒彦、松坂慶子、津川雅彦、いしだあゆみ、伊丹十三ほか

緒形拳

「役者バカ」の真骨頂を見た！

俳優には2通りのタイプがある。演じている役柄を私生活に引きずる人と影響を受けない人。前者の代表は**三國連太郎**さん。「**釣りバカ日誌**」の社長役の時は、撮影の合間も背筋をピーンと伸ばしている。が、農民の役『**息子**』（作品データは80頁）の時はいつも背中を丸めていた。後者の代表は**西田敏行**さん。スタッフと雑談していても「ヨーイ！」の合図を聞くと瞬時に表情が変わる。「カット！」——終わりの声でパッと素顔に戻り、もう誰かに話しかけるという具合だ。天才、と呼ぶしかない。

緒形拳さんは三國さんと同タイプの人だ。連続殺人鬼の役の時、奥さんが玄関で夫を迎えるのを嫌がったという。ドアを開けると、険しい形相で犯罪者の雰囲気を漂わせた緒形さんが立っていたからだ。

1978年公開の『**鬼畜**』で私は緒形さんと出会った。原作は松本清張、監督は『砂の器』の**野村芳太郎**。

埼玉県川越市の小さな印刷屋の男（緒形）が愛人との間にできた隠し子3人を引き取る羽目になる。本妻にそそのかされた男は、邪魔な子どもたちをひとりずつ処分していく、という陰惨な物語（実話）だが、人間の業、親子の絆について考えさせられる名作で、緒形さんの役柄は気弱な恐妻家。撮影中も物静かで仕事しやすく助かった。

ラスト近く、6歳の長男と旅に出る。断崖から突き落とそうと福井県の東尋坊へ。決心がつかぬまま海辺を歩く男と息子――の撮影時「胃が痛ぇ」と緒形さんが呻いた。「何か食べ物が悪かったんでしょうか」今から考えれば間抜けなことを言った私に「バカヤロ、そんなんじゃねぇよ。だんだん子どもを殺すシーンが近づいてきたろう」胃に手を当てた緒形さんは「キリキリとよう、差し込んでくるんだよう……」と言う。役者バカという言葉が浮かんだ。寿命が縮んでしまうではないか。役者なんかになるものじゃない。

夜、決断できない男は安宿に入った。明日こそ殺さなければ、と思いながら酒を口に運ぶ。ポツリポツリと苦労ばかりだった自分の人生を語り出す男。男の一面を見せ、単なる殺人鬼ではないことを表現しなくてはいけない、難しいが大切な場面だ。「本番!」の掛け声と同時に「メンタムある?」と緒形さんが言った。怪我をした様子もないが、メンソレータムを一体何に使うのか。

緒形さんはメイク係が差し出したメンタムを小指の先に付けると、なんと鼻の穴に突っ込み、奥のほうに塗り込んだ。それもたっぷり……。そして再度本番。つらい過去を語る男の目から涙が溢れ出す。と、ツーっと鼻水が落ちてきて、鼻の下が鼻水で濡れて光る。

この人に主演男優賞をあげたい、と痛切に思った。私の期待どおり、この年の主演男優賞のほとんどを緒形さんが独占した。

緒形さんは書家でもある。2004年公開の『**隠し剣鬼の爪**』、あの題名の文字は緒形さんの筆による。

【作品データ:鬼畜】
公開年:1978
監督:野村芳太郎　原作:松本清張　脚本:井手雅人
出演:岩下志麻、緒形拳、小川真由美、大滝秀治、田中邦衛、蟹江敬三ほか

若山富三郎

恐怖の体験——あわや、殴られそうに！

撮影現場で一度殴られそうになったことがある。１９７９年公開の『**衝動殺人　息子よ**』（監督／**木下恵介**）の主演男優**若山富三郎**に。

相手は誰でもよかったという行きずりの殺人で最愛のひとり息子を殺された男（若山富三郎）が、被害者に対する国家保障制度をつくる運動に立ち上がるという実話の映画化で、作品は高い評価を受け、若山富三郎も演技賞を総ナメにした名作だ。

さて、私が恐怖に襲われたのは法廷前の廊下のシーンの撮影時。自分の手で復讐しようと出刃包丁を隠し持ち、被告の少年をベンチで待っている男。そこへ出廷のため少年が歩いてくる。少年が目の前に来たとき、男が襲いかかる。止めようとする周囲の人間と揉み合いに

なり、出刃包丁は男の手を離れ、スーッと廊下をすべって手前に。同行の妻（**高峰秀子**）が慌てて拾い、胸元に隠すという場面だった。

監督はこのシーンを1カットで撮るつもりだったが、テストを見て諦めた。1回1回包丁の止まる位置が違ってしまうからだ。揉み合いの果てに手から離れた包丁を決められた場所に放るのは至難の業。「カットを割ろう、無理だよ！」監督が叫ぶ。この無理という言葉に若山さんはプライドを傷つけられたようだ。「できます！　理想の場所を指示して下さい」と強い口調で申し出た。

本番。包丁は指定場所からとんでもなく離れた場所に飛んで止まった。拾いに行った妻がその場所で隠せばまだしも、元の位置に戻るという不自然な動きになった――NGだ。

と、監督の口から思わぬ言葉が。「ロングのエキストラの動きがテストと違ってたね。もう1回いこう」。俳優に配慮し、スタッフの誰かのせいにするのはよくある話。ステージの中にいた全員が了解した。若山さんとてわからないはずはない。

直後、「助監督、集まらんかい！」――予期せぬ行動に出た若山さんの前に助監督たちが立った（その中に私もいた）。身を屈め、下から見上げながらどすの利いた声で「謝らんかい！」と言う。何を謝れというのか理解できずキョトンとしている我われを見て、若山さんの怒りが爆発した。「助監督のミスでやり直しになったんやろう、謝らんかい、謝らんかい！」唇はわなわな震え、ギュッと握りしめた右手の拳も左右に揺れている。本気だ、でも誰も謝らなかった。エキストラを動かしていた助監督は、身を守る術だけには長けた先輩で、とっくの昔にステージの外へ逃げ出していた。若山さんも犯人がいないことに気付く。「連帯責任や！　お前ら謝らんかい！」話は滅茶苦茶だが身の危険が迫った。「もういい加減に勘弁してあげて」木下監督の一声で、若山さんの矛がやっと収まった。

なぜあのような事態になったのか。若山さんへの気配りの方法があったのか。いまだにわからない。ただ、恐怖感だけはずっと残っている。

【作品データ：衝動殺人　息子よ】
公開年：1979
監督：木下恵介
原作：佐藤秀郎
脚本：砂田量爾、木下恵介
出演：若山富三郎、高峰秀子、田中健、大竹しのぶ、尾藤イサオ、藤田まことほか

松坂慶子

「お豆腐」みたいに柔らかく

今年のＮＨＫ大河ドラマ『**篤姫**』に出演中の**松坂慶子**さんのインタビュー記事をみた。その中で自分のことを「普段はお豆腐みたいに柔らかい私」と言っている。彼女とは７本もの映画で一緒に仕事をしたが、正体の摑めない、私にとって謎の女優だった。が、このひと言で霧が晴れたような気持ちになった——そうか豆腐かと……。

１９７２年、私は松坂さんと衣装部員と３人で新宿の伊勢丹百貨店に行った。彼女が所属していた大映が前年に倒産、松竹と契約後の出演作第１作の衣装探しだ。店内の客も店員も誰ひとり彼女に気付かない。大映時代に主演作もあったのだが、ほとんど無名に近かった。立原正秋原作の『**辻が花**』、主演**岩下志麻**の文芸映画。最初の出演は鎌倉ロケで、岩下さん

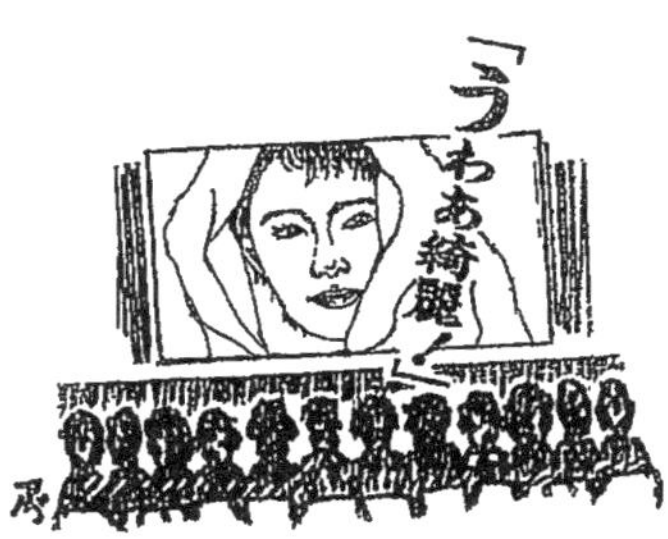

右から著者、秋山恵美子、松坂慶子（1988 年『椿姫』ロケにて）

と対したとき、彼女の足はぶるぶると震えていた。
その後はスター街道を邁進。松坂慶子という名前は美人の代名詞ともなった。テレビの主題歌も大ヒット、日本映画を代表する女優になっていた80年『**五番町夕霧楼**』という映画で再会した。全編京都弁の役だったが、この京都弁がまるで駄目。方言指導の先生が途中で匙を投げた。「あの人は覚えようとする気がないんです。私は責任持てませんから、降ろさせていただきます」。それからは〝お手本テープ〟を聞きながら、生まれも育ちも東京の私が方言指導した。歌う場面があったが歌も駄目。音程が不安定なのだ。私が正しく歌ってみせ、続けて彼女の間違っている歌い方を真似してみせる。と、「私、違いがわからないんだけど」。これには仰天した。まぎれもない音痴だった！　大ヒット曲「**愛の水中花**」の指導者の苦労がしのばれた。

共演の**奥田瑛二**は熱血漢で、吃音者の役のため1カ月前から日常会話も吃りで通したという。打ち合わせの時から吃っていた。奥田さんにとっては初の大役で、松坂さんの態度が不真面目だとスタッフにこぼすこともあったが、私には彼の熱っぽさよりも松坂さんのいい加減さのほうに魅かれるものがあった。その口調、柔らかな物腰に、苦笑することはあっても決して腹が立たないのだ。

88年公開の『**椿姫**』の時には彼女の人気にも陰りがみえていた。撮影所の試写室でのラッシュ時、スクリーンに彼女の顔が大写しで出た。と、その時彼女が叫んだ――「うわあ綺麗！」。試写室内がシーンと静まり返る。「まるで私じゃないみたい」――彼女が続けてこう言ってくれたので救われた気分になった。カメラマンと照明技師が彼女を美しく撮ろうと凝りに凝って撮影したので、『椿姫』の松坂慶子は確かに美しい。でも、自分で自分のことを美しいというなんて……。「白雪姫」の継母だけかと思っていたが。

彼女は無理をしない、ムキにならない。あるがままに生きてきた女性なのだ。二児の母親になった現在も輝いてみえるのがいい。何よりもこちらを幸せな気分にしてくれる。

【作品データ：辻が花】　公開年：１９７２
監督：中村登　原作：立原正秋　脚本：鈴木尚之
出演：岩下志麻、佐野守、中村玉緒、北龍二、宝生あやこ、松坂慶子ほか

【作品データ：五番町夕霧楼】　公開年：１９８０
監督：山根成之　原作：水上勉　脚本：中島丈博
出演：松坂慶子、奥田瑛二、浜木綿子、中島葵、風吹ジュンほか

【作品データ：椿姫】　公開年：１９８８
監督：朝間義隆　脚本：山田洋次、朝間義隆
出演：松坂慶子、加藤健一、秋山恵美子、すまけい、鈴木ヒロミツ

田中邦衛
名うてのケチだが笑えちゃう

田中邦衛さんはケチだ。撮影所でのある朝賭けを申し込まれた。その日の撮影が何時頃終わるか聞かれ「定時（5時）は無理ですね。6時かな」と答えると、「定時前に終わるんじゃねぇか?」という。撮影は生き物だ。役者の体調、監督の心理状態等々原因はいくらでもあるのだが、NGがどれくらい出るかだけでも変わってくる。予測が難しい。しかし、私の予想は9割以上の確率で当たった。
「賭けるか?」と田中さんが言った。「いいですよ」「俺が勝ったら浅野屋（撮影所前の日本そば店）のもりそば驕れよ」「僕が勝ったら何してくれます?」田中さんの返答に私は呆気に取られた。「5円やるよ」と言ったのだ。それもサラリと。これでは賭けは成立しない。

撮影は6時近くまでかかったが、私は5円を貰い損ねた。

田中さんのケチは、思わず苦笑させられても不快感は微塵も感じない。

91年公開の『**息子**』（作品データは80頁）の撮影時、私が「**釣りバカ日誌**」シリーズのレギュラー助監督だと知った田中さんは「『釣りバカ』で使ってくれよ」と言った。その頃温泉にはまっていたのだが、もったいないから温泉旅行はできない。東京にある日帰り温泉施設に行っているという。「『釣りバカ』は地方ロケがあるだろう、帰りにどっかの温泉に寄れるじゃねぇか」交通費を使わずに地方の温泉に行きたいというのだ。なんというこすさ！　これが名優と呼ばれている田中邦衛の実態か！

こんなエピソードも話してくれた。蒲田の温泉銭湯に行ったときのこと。客のひとりが田中さんに気付き、何やかやと話しかけてきた。適当に受け流していたが、あまりのしつこさにいい加減うんざりした時、他の客が移動し始め、田中さんをガードするように周りを囲んで壁を作ってくれた。それが無言の圧力となって、その男は出て行ったという。「ありがてえよなぁ、下町の人情ってやつだよなぁ」。

余談だが、**松坂慶子**さんと池袋で観劇後に居酒屋に入った。仲居のおばちゃんがおずおずと色紙を差し出し「失礼ですが松坂慶子さんですか？」と聞く。「私、よく間違われるのよねぇ」と首を傾げる松坂さんを見て、うまい逃げ方があるものだなぁ、と感心した。もっとも、観念したのか店を出る時にサインをしていたが……。

田中邦衛さんは「俺、よく間違われるんだよなぁ」と逃げるわけにはいくまい。あの顔は間違えようがない。

『息子』から2年後、田中さんは『**学校**』に出演した。私はその時『**釣りバカ日誌6**』に就いていた。ある日撮影所の廊下ですれ違った。お互いに笑顔で接近、とその時、田中さんが突然ジャンプして右膝を高く上げたまま体当たりしてきた。ジャンピング・ニーパッドというプロレス技だ。「(山田組を)逃げんじゃねぇよ!」と大声で言う。

また私をからかいたかったのだと理解した。とても嬉しい暴行だった。

【作品データ：学校】
公開年：1993
監督：山田洋次
原作：広沢栄（原案シナリオ）
脚本：山田洋次、朝間義隆
出演：西田敏行、竹下景子、萩原聖人、中江有里ほか

【作品データ：釣りバカ日誌6】
公開年：1993
監督：栗山富夫
原作：やまさき十三
脚本：山田洋次、関根俊夫、梶浦政男
出演：西田敏行、三國連太郎、石田えり、喜多嶋舞、中本賢、戸川純ほか

倍賞千恵子

看板に嘘偽りなしの「下町の太陽」

映画『母べえ』（作品データは70頁）のラストシーン。母べえ（吉永小百合）の臨終に次女の照べえ（戸田恵子）が駆けつける。長女の初べえ（倍賞千恵子）が母べえの耳元に「母べえ、照べえが来たわよ」と告げる感動的なシーンの始まり。最初のテスト。シーンと静まり返ったセット内に倍賞さんの声が響いた。「母べえ、鶴べえが来たわよ」一瞬の沈黙の後、セット中が大爆笑に包まれた。この場面には登場しないが笑福亭鶴瓶さんも出演者のひとり、その鶴瓶さんの名前を口にしたのだ。当の倍賞さんは、はじめ皆がなぜ笑ったのかわからない様子でキョトンとしていた。が、戸田さんから教えられた途端、ゲラゲラと大声で笑い出した。「朝から準備している間、ずーっと鶴瓶さんの話題で持ち切りだったのよ」と、言い

訳にもならないことを言う。このハプニング、驚くには当たらない。そそっかしく、少々抜けているところもある、明朗な愛すべき女性――それが倍賞千恵子さんなのだ。

1970年公開の『**男はつらいよ望郷篇**』で私は初めて倍賞さんに会った。それは私の初仕事でもあったが、以前にちょっとした縁があった。

中学生の時、地方に移住した友だちから「倍賞千恵子のサインを貰ってくれ」という手紙が来た。その頃すでにスターだった倍賞さんは東京都北区滝野川5丁目に住んでおり、私の家は同6丁目、お隣さんという感じだが面識はない。恥ずかしいので母親を拝み倒して行ってもらった。以下はサインを貰って帰宅した母が興奮しながら話したもの。

「裕福とは言えない家だよ。狭い庭で若い娘が洗濯してんだよ（たらいと洗濯板でです、念のため）。垣根越しに訳を話すと、その娘がエプロンで手を拭きながら、家に向かって『お母ちゃん、マジック（インキ）持ってきて！』と叫ぶじゃないか。お前、その娘が倍賞さんだったんだよ！」〝下町の太陽〟と呼ばれ、庶民的なスターの代表だった倍賞千恵子の実像に触れ、その看板に嘘偽りがなかったことに母は感動している様子だった。

笑い上戸でもある。笑い出すと止まらない。「男はつらいよ」の撮影中もよく笑っていた。**渥美清**さんは本番になるとちょっと違う芝居をする時がある。出演者もスタッフも笑いを噛み殺すのに必死だ。撮影終了の合図「はい」と同時に大爆笑になるのだが、倍賞さんは涙を流して最後まで笑っていた。

あるカットの撮影時、テストではやらなかったのに、本番で渥美さんが眉毛をピクピクっと上下に動かした。皆笑いたいのを我慢する。が、堪え切れなくなった私は「ングッ」と小さなほんとうに小さな声を発してしまった。堪らずに倍賞さんが笑い出しNGを出した。

「犯人は私じゃないわよ、誰か変な声を出したからよ」と必死に訴える倍賞さん。新人の私は名乗り出ることができなかった。

「倍賞さんごめんなさい。あの時の犯人はボクです」

【作品データ：男はつらいよ　望郷篇】
公開年：1970
監督：山田洋次
脚本：山田洋次、宮崎晃
出演：渥美清、倍賞千恵子、長山藍子、前田吟、杉山とく子、井川比佐志、笠智衆ほか

笑福亭鶴瓶

人を笑わせることが生き甲斐

喜劇役者は気難しい人ばかりだった。観客が抱くイメージと逆、正反対の性格が実像と考えて間違いない。有名なあの人も偏屈な、はっきりいえば嫌なヤツだった。もっとも現在は喜劇俳優と呼ばれる役者はいなくなった。テレビで活躍しているお笑い芸人たちの実像については知らない。

映画『**母べえ**』（作品データは70頁）に出演した**笑福亭鶴瓶**さん、この人はテレビの画面から受けていたイメージのまんまの人だった。撮影の合間、鶴瓶さんの回りは笑いが絶えない。人を笑わせることが生き甲斐なのかと思った。笑うことが大好きな**山田洋次**監督も、よく話をしに近づいていた。

山田組の撮影現場はいつもピリピリした緊張感に包まれている。俳優への要求も多く、ときには激怒し、容赦なく罵声を浴びせることも。「**男はつらいよ**」シリーズもそういう現場で作られた映画だ。

『母べえ』での鶴瓶さんの出番が終わりに近づいた頃、鶴瓶さんが話しかけてきた。「この前バラエティー番組で一緒した（武田）鉄矢と柳沢慎吾がニヤニヤしながら『やられてる？』『やられてんでしょ？』と言うんですわ。ワシ、何のことか始めわからんと、『いや、別にやられてへんで』と言うたんですけど、ふたりとも納得せえへんで……」ふたりが「やられてる？」と聞いたのは、監督からしごかれてるんでしょうということ。山田組に出演してどんなにつらい思いをしたか、悲惨な体験をしたか、こういう話題が控室で交わされている、という話は以前からよく耳にしてきた。かつての映画界には溝口健二、黒澤明等々、厳しい要求をする監督たちが存在していたが、現在はほとんどいない。俳優の顔色を窺い、ご機嫌を取ろうとする監督はごろごろいるが。

セットでの撮影、屋根に乗ったスタッフが桜の花びらを撒く。その降らせ方がまずい。監督が叫ぶ。「何だよ、何だよ、金ちゃん！　考えて降らせろよ！」――セットの中が重苦しい雰囲気になる。と、鶴瓶さんが叫ぶ。「金ちゃん、頼むで。このカットＯＫになるかどうか、あんたの腕にかかってんのやで！」――どっと笑うスタッフ。監督も苦笑せざるを得ない。鶴瓶さんのひと言が何度も現場の雰囲気を変えた。その言い方といい、タイミングと言い、見事なものだった。

鶴瓶さんの出演がすべて終了した日、私は礼を言った。「鶴瓶さんにどれだけ現場の雰囲気をよくしてもらったかわかりません」と。すると、「いや、あれはみな自分のためですわ。目の前に（共演者の）**吉永小百合**、振り向くと（カメラ脇にいる）山田洋次監督ですやん。緊張するな言うほうが無理ですわ」。つまり、プレッシャーを解消するために意識してしたことだと。

衣装合わせの時、浴衣姿で監督の前に立った鶴瓶さんの足がガクガクと小刻みに震えていたことをふいに思い出した。

浅田美代子
再会できてよかった

浅田美代子さんとの出会いは最悪だった。74年公開の映画『**しあわせの一番星**』。今から30年以上前のことだ。72年にテレビドラマ「**時間ですよ**」でデビューした浅田さんは高校在学中、お手伝い役ミヨちゃんの愛くるしさで茶の間の人気者になり、翌年ドラマの挿入歌「**赤い風船**」が大ヒット。レコード大賞新人賞受賞と飛ぶ鳥を落とす勢いのトップアイドルだった。

♪あの娘はどこの娘こんな夕暮れ……、はじける笑顔のこんな可愛い子に会えるんだ、とまだ若かった私は浮き浮きした気分で撮影所に向かった。ところが、ところがである。撮影現場の彼女はいつも仏頂面で、売りものの笑顔はカメラの前で演技中のみ見せるだけ。周囲

の大人たちに無理やり仕事をさせられているという雰囲気さえ漂わせていた。はっきり言えば、可愛いところが微塵もない。初日に幻滅させられてしまった。

江ノ電沿線のロケーション。午後3時頃、チーフ助監督が「このシーン撮ったら今日は止める」という。予定ではあと2シーンあり、終了予定は5時から5時半だった。理由を聞くと「美代ちゃんが具合悪いらしいんだ」とのこと。遠くを見ると、心配そうなマネージャーの前で暗い表情の美代ちゃんがうつむいている。チーフが大声で「今日の撮影はここまでにします！」と叫んだ。と同時に美代ちゃんの顔がパッと明るくなった。軽い足取りでスタッフの間を駆け回り、「お疲れさまでした」「お疲れさまでした」と声をかける美代ちゃん。その満面の笑顔がなんと憎たらしく見えたことか。仮病だったのか、急に全快したのか真相はわからないが……。

当時アイドルの主演映画が数多く作られていた。映画会社は観客の減少に苦しみ、安易な映画作りに走った面もある。あの人この人わがままなアイドルたちの悪評が私の耳に入ってきた。アイドルたちの平均睡眠時間が3、4時間しかないとも言われていた。

それから20年経って美代ちゃんと再会した。94年公開の映画『**釣りバカ日誌7**』（作品データは49頁）、主人公浜崎伝助（**西田敏行**）の妻みち子さん役が**石田えり**から浅田美代子に代わったのだ。10代後半だった美代ちゃんは30代後半になっていた。

大人の浅田さんはとても魅力的な女性だった。俳優は自己顕示欲の強い人が多い。それが時に衝突し、対立し、問題を起こしたりする。彼女にはそれがまるで感じられない。居ても目立たない人なのだ。相手に合わせ、相手を立てる。誰からも好かれるタイプだ。

あるときメイク係の女性にこう言ったという。「私は主役ふたり（西田敏行と三國連太郎）の引き立て役だからね。ふたりが魅力的になればそれでいいのよ」。

とぼけた味でバラエティー番組でも人気の浅田美代子は聡明な女性だ。私は再会できてよかったなあ、としみじみ思っている。憎たらしいガキという印象が拭えたから。

【作品データ：しあわせの一番星】
公開年：１９７４
監督：山根成之
脚本：石森史郎
出演：浅田美代子、西城秀樹、山形勲

渥美清

「恐怖の口笛」が流れた

「まるで気の弱そうなイタチだな」と言うと**渥美清**さんはケタケタと笑った。小樽の旅館、廊下の洗面所、顔を洗おうと眼鏡を外した私の顔を指差しながら渥美さんは笑い続けた。70年6月『**男はつらいよ望郷篇**』（作品データは111頁）の北海道ロケ。その日はＳＬの撮影で、私の顔は煤で真っ黒。眼鏡を外すと目の周りだけ青白い。去っていく笑い声を背に鏡を覗き込んだ私は、その情けない顔を見て〝気の弱そうなイタチ〟とはうまいことを言うなあと感心した。

その日から私は「気の弱そうなイタチさん」と呼ばれた。私にとっての初仕事で、何の仕事をすればいいのかさえわからず、ただただ疲れる毎日だった。

だんご屋〝とらや〟のセット撮影。柱や板の間にワックス掛けしていた私に「渥美さんに入ってもらえ」と先輩助監督が声をかけた。20代半ばで片肺を失った渥美さんは、空気の汚れたセットを嫌い、ステージの外の椅子で準備が終わるのを待っている。手が空いているのだから自分が呼びに行けばいいのにと思った私の心を見透かすように、先輩は「俺たちが呼びに行っても来てくれないんだよ」と言う。ステージの扉を開け「渥美さん、お待たせしました。準備できました」と声をかけると「あいよ！」と立ち上がる渥美さん。どうも私は好かれていたらしいのだが、その理由がわからなかった。

あるカットの撮影中、テストを重ね、「本番！」の声がかかったところで照明技師から待ったが入った。何か不備を発見したらしい照明部が修正作業を始める。なかなか終わらない。「本番！」の合図で気合いを入れた俳優たちは気持ちを持続させるのが大変だ。と、渥美さんが口笛を吹き始めた。両手を後ろにつき無表情で。照明技師が焦り、声を荒げて助手を急かす。「ピュー、ピュー」歌謡曲のような（おそらく自作の）メロディーがセットに流れる。「いつまで待たせるんだ、俺の気持ちも考えろ」そう歌っているように聞こえた。「恐怖の口笛」と私は名付けたが、何の意図もなくただ口笛を吹いただけのことかもしれない。

十年後。撮影所内で渥美さんの付き人から声をかけられた。「敏夫さん、空いてたら兄さんのお相手してくれない」。昼休み、渥美さんは控え室にいた。私は『望郷篇』以降ほとんど山田組の仕事はしていなかった。

「鈴木ちゃんも監督になりたいんだろう」「したいです」「努力しているかい?」「してません」私の発言で会話が止まった。努力していないのは事実だが、宣言するように言うことはないではないか。せめて恥ずかしそうに言うべきだった。私はすぐ後悔した。どれくらいの時間だったろう。沈黙中冷や汗が流れた。「努力しなくちゃ駄目だな……努力しなくちゃ駄目だよ」渥美さんは自慢話はしない人だ。が、俺は努力したんだぞ、という意は伝わった。その悲しげな声、言い方が今も耳の奥に残り消えずにいる。

中村勘三郎

“乗せ上手”な人

まさか歌舞伎俳優、**中村勘三郎**さんと仕事をするとは思ってもみなかった。昨年10月の新橋演舞場、中村勘三郎奮闘公演の『**文七元結**』を山田洋次監督が補綴・演出することになり、演出助手を務めたのだった。

「シネマ歌舞伎（舞台を高画質・高音質で記録し、スクリーン上演するものの）の監督をして下さい」と勘三郎さんが山田さんに依頼したのが始まりだった。その打ち合わせの席で、山田さんが今まで上演されてきた『文七』の不満を口にすると、「それじゃあ先生が演出してくださいよ」と勘三郎さんが身を乗り出した。「プロデューサーとしての能力も相当なもんだねぇ」と山田さんが私に言った。映像作品一筋で舞台の演出を手掛けたことはない山田

さんは少々不安気だ。

どうやらうまく乗せられてしまったようだ。コクーン歌舞伎（串田和美演出）、野田版歌舞伎（野田秀樹演出）、歌舞伎の海外公演その他八面六臂の活動家中村勘三郎は、〝乗せ上手〟な人だった。

9月末1週間の稽古（これでも歌舞伎では長いほう）。新宿村スタジオでの読み合わせから始まり、初日4日前から新橋演舞場の地下食堂を使い、舞台を使っての稽古は前日1日だけ。

地下食堂でのけいこ中に休憩に入った時、山田さんが手代藤助役の特訓をしたいと言う。相手の長兵衛（勘三郎さんの役）は私が務めて稽古が始まる。しばらくすると休憩中の勘三郎さんが出てきた。「申し訳ありません。私が演ります」――勘三郎さんは昼の部3演目、夜の部の現代劇すべてに主役で出演する。稽古も一日中だ。気力、体力とも相当なものが必要であるはず。大好きな酒も断っているという。そして座頭の責任感。

山田さんが「すみません、勘三郎さんが藤助を演ってくれませんか」と言い出した。一向に上手くならない藤助役に業を煮やし、手本を見せてやってくれと言う。長兵衛役は私が演る破目になった。休憩中で他の役者はひとりもいない。芝居が終わると、勘三郎さんが満面の笑みを浮かべて言った。「あんた上手いねえ！」、お調子者の私は「役者志望だったんですが道を間違えて裏方になっちまったんですよ」「へーぇ、そうなの」と感心して頷く勘三郎さん。

初日前日の本舞台を使っての稽古。休憩中にまた藤助役の特訓。長兵衛は勘三郎さんが演ってくれたが、芝居がどんどん進んでいき、長兵衛の女房お兼（**中村扇雀**）の出番になった。私は咄嗟に舞台に上がりお兼になった。セリフは「お前さん、早く行っておくれよ」の一言だったが、「何よ、女形までできちゃうの？　やだねえ、こっちが演りにくくなっちまうよ」と嬉しそうに言う勘三郎さん。

勘三郎さんに乗せられて、一所懸命に働いた1週間だった。それにしても演舞場の舞台で、稽古とはいえ勘三郎さんと共演できたとは。

加賀まりこ

憎めない〝小悪魔〟の悪（?）知恵

加賀まりこさんは、デビュー時撮影所での自由奔放な言動から〝小悪魔〟と呼ばれた。もう30年も前にテレビドラマの仕事をした時、その片鱗を目撃した私には忘れられない思い出がある。

単発の1時間枠の作品で、題名も内容も加賀さん以外の出演者も覚えていない。つまらない作品で、何の楽しみもなく、早く終わることだけを願っていた記憶だけ残っている。映画と違いテレビドラマは予算とスケジュールが厳しい。毎日の撮影ノルマが映画の何倍もある。シナリオが良ければまだしも、駄目シナリオだと悲惨だ。創作する喜びなど皆無。この時も出来損ないのシナリオだったのだろう。余談だが、この状況は現在も変わらない。

あるカットの撮影時、テストを数回した時「監督、次本番？」と加賀さんが言った。本番ならメイク直しとか準備があるから聞いたのではない。仕事が嫌で早く帰りたいから言ったのだった。当時のテレビドラマは16ミリフィルムを使用していた。フィルム代を考えるとNG（失敗）は極力避ける必要がある。テストを重ね、問題点がない状態を確認してから本番（撮影）になる。5、6回のテストは必要だ。「まだ本番は無理だよ」と監督が言って次のテストに入った。テストが終わるや否や加賀さんが「次、本番？」と聞く。さすがに監督も苦笑いして「本番には行けないって」と言う。芝居に問題はなくても、撮影、照明、録音等技術パートのためにテストは必要だ。と、加賀さんは「いいじゃん、本番で～」と甘えるような声で駄々っ子のように言った。私は笑いを噛み殺した。内心まったく同感だったのだ。こんなドラマどうだっていいじゃないか。早く終わって早く帰りましょうよ、という気分。が、私には言えない。それをケロリと口にするこの女優。妙におかしい光景だった。かと言って次のテストで手を抜くわけでもなくふて腐れてもしない。

昼休みになり、加賀さんと私が並んで歩いているとき「ねえ、今日何時に終わる？」と聞いてきた。「定時（5時）は過ぎちゃいますね」「やだ～。3時に終わろうよ」「終わろうよったって無理ですよ、このスケジュールじゃあ」「いい。私が終わらせてあげる」。

昼食を食べながら「私が終わらせてあげる」という意味を考えたが、まだ若かった私には分かるはずもない。

午後撮影を再開した時、チーフ助監督が私に言った。「今日3時に撮影切るわ」「えっ、どうしてですか」「加賀さんの身体の具合が悪いらしいんだ」。私が唖然としたのは言うまでもない。凄い手を使うものだとあきれた。

この一連の出来事、女優の我がままという感じがしないのは何故だろう。彼女の奔放さゆえか。あのクリクリっとした丸い瞳のせいか。憎めないのだ。夏休みの宿題と同じで、後回しになっただけのことだったが。

野口五郎
愛されキャラのひょうきん者

75年3月に公開された映画『再会』は忘れられない作品だ。ともかく撮影の現場が楽しかった。主演は**野口五郎**。当時18歳のアイドルだったこの青年、素直で礼儀正しく、おまけにひょうきん者ときている。チーフマネージャー、音楽担当マネージャー、付き人の3人が一緒だが、みんないいヤツで会ってすぐに意気投合した。

歌手とかスポーツ選手が映画出演する場合、向こうが構えてしまうことが往々にしてある。この時の五郎グループは向こうから話しかけてくれ、「映画は素人なので」と小さなことでも相談してくれた。

横浜市内でのロケ。「鈴木さ～ん、ちょっと、ちょっと来て!」と五郎に呼ばれた。小さな

レコード店の前で五郎がピョンピョンと跳ねている。ガラスに貼られているオリコンチャート表を指差して五郎が言った。「見て！　見て！」そこには第1位「私鉄沿線・歌・野口五郎」とあった。「凄え！」♪改札口で君のこと　いつも待ったものでした……ロケにはいわゆる〝追っかけ〟がついてまわった。少ない時でも50人から100人の女子高生、中学生たち。彼女たちは五郎の一挙手一投足にキャーキャーと嬌声を上げた。カットが変わるごとにフレームの外へ移動させるのも時間がかかる。一計を案じた私は彼女たちに語りかけた。「皆さんは五郎のファンですか？」何言ってんの、当たり前でしょうという反応を見て「五郎を困らせたくないのでしょう」、うなずく一同に「合図したらお喋りしないで、『こっちに移動して』とかお願いしたら、できるだけ早く移動して。協力してくれますか」――「は～い！」という一同の合唱が返ってきた。

五郎グループも全員が整理に当たってくれ、時には五郎自らが静かに！の合図を送ってくれもした。

ある日、横浜ロケに五郎はまだ少年の付き人とふたりで来た。どうやらマネージャーたちは寝坊したらしい。ちょっと抜けているのも好きだった。撮影終了後浜松市のコンサートに向かうと知った監督が、助監督たちに言った。「みんなで送っていってあげろよ。（付き人の）

坊やとふたりじゃ心配だ」――ガードマンか、格好いい！と無知な私は喜んだのだが……。

タクシーで会場のホールに着くと、何百人ものファンが入口に。助監督４人が五郎を囲んで入口に向かう。と、ワーっと押しかけて来るファン。あっと思う間もなく私は押し倒された。後は踏みつけられぬよう地面に丸まってわが身を守るだけ。気が付くと人の波は去り、五郎はホールに入っていった。情けねーっ！　五郎ちゃん、あん時はごめんね、守ってあげられなくて。

年末、レコード大賞最優秀歌唱賞を受賞した。五郎グループと飲んだとき、ひとりの女性スタッフが言った。「感激してあれだけ泣いてるのに、歌い出したら音程が狂わないんだもん、あれ凄かったよね」――異議なしだった。

【作品データ：再会】
公開年：１９７５
監督：斎藤耕一
出演：野口五郎、江波杏子、池部良、角ゆり子、佐藤英夫

西田敏行「みんなと一緒にずっと仕事できるじゃん」

西田敏行さんはサービス精神の塊のような人だ。ロケ先で見学者から話しかけられて気さくに応じるだけではない。駅では駅員に売店の売り子にと自分から話しかける。有名人から話しかけられて悪い気はしない。福島県郡山市で生まれた西田少年は映画好きの父親に連れられて映画館に通い、いつしか熱烈な映画ファンになった。映画スターに憧れて上京、劇団「青年座」に入団したが夢はあくまでも映画俳優だった。その憧れだった頃のことを現在も忘れていない。

「**釣りバカ日誌**」のロケで地方に着くと、駅でも空港でも大勢のマスコミが待ち受け、インタビューされる。「〇〇（その土地の名前）の印象はいかがですか？」必ず聞かれる愚問の

ひとつである。初めての土地で駅や空港しか見ていないのに印象などあるわけがない。それでも彼は答える。「空気がおいしいですね」「駅員さんの感じがよかったんですよ、人柄のいい人が多いんでしょうね」。取材から解放された西田さんに「しんどいでしょう」と声をかけると「帰るときとかせめて2、3日経ってから聞いてくれればいいんだけどね」と苦笑い。

「釣りバカ日誌」がシリーズ化され、第3作品目の撮影時、西田さんが「お願いがあるんですけど」と言った。西田さんの同僚役に役名を付けてくれとのこと。セリフのない役などは、全員A、B、Cと表記することが慣例だ。「役名が付けば故郷のお母さんに電話で『釣りバカ日誌に○○って役で出るから見て』と報告できるじゃないですか」。次作からは同僚たちに役名が付いた。〝蛸島〟〝鯛子〟等の。

2004年5月、**『釣りバカ日誌15』**の秋田ロケ。ある夜大広間で宴会になった。ゲスト役の**江角マキコ**さんや**筧利夫**さんも舞台で歌い、スタッフ一同大喜び。最後に西田さんがマイクを握り、スタッフに話しかけた。「俺さ、前から思ってたんだけどォ、『釣りバカ』をテレビの連続ドラマにしたいんだよね、そしたらみんな仕事ができるじゃん」――かつてはスタッフは皆社員だった（私もその一員だ）が、現在はほとんど全員がフリーだ。安定した収入を得るのに苦労する。そのことに配慮した発言だった。「みんなと一緒にずっと仕事できるじゃん」スタッフ全員が大きな音を立てて拍手したのは言うまでもない。

「それでは『与作』を歌います」カラオケが流れ出す。どんな小節を聞かせてくれるのかと耳を澄ましていたら、♪ジュブモワノンソワールと歌い出した。フランス語だ。それもデタラメの。いや、即興で。シャンソン版「与作」だった。あまりの見事さに呆気に取られていたスタッフが笑い出す。と、止まらない。舞台で自分の歌に酔いしれている西田さんと腹を抱えて笑い続けるスタッフ。それは奇妙な光景だった。

西田敏行さんが紫綬褒章を受章した。『**釣りバカ日誌20**』は来年5月撮影開始の予定だ。

【作品データ：釣りバカ日誌15　ハマちゃんに明日はない!?】公開年：2004
監督：朝原雄三　原作：やまさき十三、北見けんいち　脚本：山田洋次、朝原雄三
出演：西田敏行、三國連太郎、江角マキコ、筧利夫、浅田美代子ほか

【作品データ：釣りバカ日誌20　ファイナル】公開年：2009
監督：朝原雄三　原作：やまさき十三、北見けんいち　プロデューサー：瀬島光雄、深澤宏
出演：西田敏行、三國連太郎、浅田美代子、吹石一恵、塚本高史、松坂慶子ほか

笹野高史

名脇役といわれるゆえん

かつて**笹野高史**さんほど年間出演本数の多い役者がいただろうか。映画、テレビドラマの出演数は数えきれないとテレビのトーク番組で言っていた。今年は歌舞伎公演でドイツ、ルーマニアにも行っている。歌舞伎、演劇、ミュージカル、映画、テレビドラマ、トーク番組、バラエティー、一体年間のスケジュールはどうなっているのか。

1988年公開の映画『**釣りバカ日誌**』で笹野さんと出会った。鈴木建設社長（**三國連太郎**）のお抱え運転手、前原役で。〝釣りバカシリーズ〟も20年経ったが、笹野さんは全作品に出演している数少ない（4人）出演者のひとりだ。とぼけた味わいの前原運転手はとても人気がある。が、笹野さんの撮影は1日かせいぜい3日だ。ちょこっとしか出演場面がない

のに印象が残る、これが名脇役といわれるゆえんか。

撮影現場にはバイクでやって来た。皮のジャンプスーツにでっかいゴーグル。撮影が終わるとまたバイクに跨り慌しく次の仕事場へ。さっと来てさっと帰る。お喋りする時間もなかった。その後結婚（かなり晩婚）し、4人の男子に恵まれた。

「育ちざかりの男4人、面倒見るのは大変ですよ」と現在の笹野さんは言う。子どもたちが小さかった頃、鯉幟を立ててやろうと決意した。凝り性の笹野さんは最高の鯉幟でないと気が済まない。庭に穴を掘り、コンクリートを流し込み、太くて長いポールを立てた。巨大な幟は日本一と聞いた生産者に発注した。これらをひとりで黙々と作業し完成したときは、嬉しさで涙がこぼれそうになったという。「さ、出来たぞー！」家の中へ呼びかけた。しかし、妻も子どもたちも出てこない。家族の誰もが興味がなかったのだ。この悲劇を面白おかしく語る笹野さん。

『武士の一分』の撮影時（2006年）、撮影所を訪問した私はメイク室にひとりでいた笹野さんに会いに行った。「笹野さん、ご無沙汰です」――笹野さんは嬉しそうに近寄ってきた。と、ゼイゼイと荒い呼吸をする。「僕にもね、自尊心ってものがあるんですよ」――まあまあまあと、私がなだめる。山田洋次監督にしごかれていることは聞かなくてもわかった。「でもね、あのお方、たいしたお方です。『今こういう芝居しましたね』と言われると、無意識になんだけど確かにやっちゃってるんですよ。ほんと、細かい点も見逃さないんです」。

『武士の一分』で助演男優賞を総ナメにした笹野さんは、4人の息子たちの憧れの俳優であり父親だ。笹野さんが出演する映画、ドラマの出演場面は現在でも少ない。それは家族との時間を大切にする戦略なのかもしれない。

「小さな（と笹野さんは言った）庭に長男の離れを建てたんです。受験勉強のために。と、次男が『ボクの部屋は？』と言うのですよ」――現在子ども部屋が悩みの種らしい。

【作品データ：釣りバカ日誌】
公開年：1988
監督：栗山富夫
原作：やまさき十三、北見けんいち
脚本：山田洋次、桃井章
出演：西田敏行、三國連太郎、石田えり、谷啓、山瀬まみ、戸川純ほか

【作品データ：武士の一分】
公開年：2006

監督：山田洋次
原作：藤沢周平
脚本：山田洋次、平松恵美子、山本一郎
出演：木村拓哉、壇れい、笹野高史、坂東三津五郎

佐分利信

〝サブリどん〟と呼びたくなる理由

〝サブリどん〟とは74年公開の映画『**砂の器**』で出会った。**佐分利信**さんのニックネームの由来は知らない。すでに独特の存在感と貫録を感じさせるベテラン俳優で、撮影現場で〝サブリどん〟と呼ぶものはひとりもいなかったが、陰ではみんな〝サブリどん〟と呼んでいた。その理由もわからない。

晩年は政財界人や闇組織のドンなど大物役が多かったが、79年公開の『**配達されない三通の手紙**』でも地方の名家の当主役だった。一家の晩餐のシーン。大きな食卓には豪華なフランス料理がびっしりと並べられた。

食事のシーンでは、テストの間俳優は食べない。食べる真似をして芝居する。テストが何回あるかわからないからだ。ところが最初のテストから佐分利さんは食べた。他の俳優たちは誰も食べないのにパクパクと旨そうに食べた。2回目のテスト、3回目のテスト、佐分利さんの前に置かれていた料理がきれいになくなっていく。食べ物を担当していた装飾部の親分がそわそわしだした。「どのくらいテストするのかなあ」と聞かれた私も予測できない。「何人前、用意してあるの?」「1人に3人前用意したんだけど」撮影所の前にあるフランス料理店「ミカサ」の料理で、ここは味はいいが値段は高い。撮影時、佐分利さんは70歳だった。その後もずーっと食べ続けた佐分利さんは私の見たナンバー1の健啖家だ。

「ミカサ」に追加のオーダーをして、何とか撮影終了。「お疲れさまでした」と声を掛け合い、俳優たちがセットを出ていく。と、ひとりだけ食べ続けている人がいた。言うまでもない、佐分利信さんだ。スタッフは後片付けを始める。ここで困ったのが照明部だ。食堂のライトを消せない。「最少のライトだけ残せばいいですよ」と私が助言した。パチン、パチンとライトが消されていき、セットの中がみるみる暗くなっていく。それでも佐分利さんは悠然と食べ続けていた。ベテランのメイク係の女性が言った。「先生は15年前に奥様を亡くされてから独り暮らしでしょう。家に帰っても家政婦のおばちゃんが待っているだけだからつまらないのよ。好きなだけ食べさせてあげてちょうだい」。

82年9月に佐分利さんは亡くなった。その後に某ベテラン俳優から佐分利さんの話を聞いた。佐分利さんのケチぶりは凄かったと。昔列車移動の時、主演クラスの俳優だけ二等車（現在のグリーン車）だった。佐分利さんは切符を窓口で三等車に交換し、差額を小遣いにしていたという。また車内販売で弁当を買ってもお茶は買わない。そのため停車駅ではホームの水を飲みに走って行ったという。

俳優業だけでなく、何本も監督した。その作品のほとんどがベスト10入りを果たした。一見頑固で怖そうに見えるが、実像はユーモラスで楽しい人だったのかもしれない。〝サブリどん〟と呼びたくなる人だったのかもしれない。

【作品データ：配達されない三通の手紙】
公開年：１９７９
監督：野村芳太郎
原作：エラリー・クイーン
脚本：新藤兼人
出演：佐分利信、乙羽信子、小川真由美、栗原小巻、松坂慶子、片岡孝夫、渡瀬恒彦ほか

柄本明

いまだ得体が知れない怪優

柄本明さんとは82年の映画『**疑惑**』で出会った。数多くの仕事を一緒にし、撮影の合間によくお喋りもした。飲みにも行った気の合う私の好きな俳優のひとりだが、いまだに得体の知れないところがある。そこがまた興味深い。

『疑惑』の撮影時、テストではスラスラ言えてたセリフを本番でとちった。すると2回、3回とテイクを重ねる度に同じ箇所でとちってしまう。いつになったらＯＫが出るのか絶望的な気分に陥らされる。こちらはひたすら「元に戻って！」と祈るしかない。監督が「セリフを変えてもいいですよ」と助け舟を出すが耳に入らない。どうもそういう問題ではない。リズム、そう、自分のリズムが狂ったのだ。そのリズムを回復させる手段が彼自身にもわから

ないのだ。とちる度に「あれ、どうしちゃったんだろう」とつぶやいて首を傾げる。どうしちゃったのか知りたいのは、共演者と我われスタッフなのだが。

このクセはいまだに続いている。毎作品とちる訳ではないが、一度とちると止まらなくなる姿は何度も目撃した。

88年に池袋のサンシャイン劇場で上演された『**ドレッサー**』を観に行った。主演は**三國連太郎**さんと柄本さんで、ふたりがほとんど出突っ張りの舞台だった。前から3列目の席で観ていた私はハラハラした。柄本さんがセリフに詰まったり、詰まるとアドリブでかわしているのが見て取れたからだ。その日は千秋楽だった。その夜三國さんに電話し、感想を述べたあと、「柄本さんが詰まるとアドリブを入れてましたね」と言うと、思わぬ返事が返ってきた。「ああ、セリフは毎日言うことが違ってましたよ」三國さんはサラリと言った。毎日セリフが変わっちゃう役者とそれに合わせちゃう役者。何とも恐ろしい舞台だが、やっぱりこのふたりは〝怪優〟だなあと妙な感心もした。

96年公開の『**釣りバカ日誌8**』（作品データは49頁）にゲスト出演した柄本さんは初めから面食らったようだ。主役の**西田敏行**さんがドタバタナンセンスを強調しようと提案し、アドリブを連発。「柄本っちゃんはこうしてよ」と要求したからだ。打合せが終わった柄本さんが私に近づいてきた。「どうすればいいのよ」「好きにすればいいのよ。いいと思えば従うし、嫌なら『台本通りにやりたい』と言えばいいのよ」「そんなこと言ったって……」

現実離れした場面の多い『釣りバカ8』になったが、柄本さんの悪乗りぶりは怪演と呼ぶべきもので、この手の作品が好きな方には堪らない魅力の一品になっている。

昨年、東宝の撮影所で私は柄本さんと昼飯を食べた。柄本さんの息子、**柄本佑**も俳優になっていた。「お宅の息子いいね。清潔感があってさ、俺、佑のファンなんだ」隣にいた奥様で女優の**角替和枝**さんの口元が緩む。ところが柄本さんは耳に入らなかったように無表情で食べ続けていた。柄本明はわからない男だ。

【作品データ：疑惑】
公開年：１９８２
監督：野村芳太郎
原作：松本清張
脚本：古田求、野村芳太郎
出演：桃井かおり、岩下志麻、鹿賀丈史、柄本明、真野響子ほか

有森也実

まだ自分しか見えなかった新人女優

現在も映画、舞台で活躍中の**有森也実**さんとの出会いは86年公開の映画『**キネマの天地**』（作品データは39頁）。主演のプッツン女優として名を馳せた若手女優がクランク・インして一週間も経たずに降板し、急遽大抜擢された新人で、**山田洋次**監督の超大作の主演ということでそのプレッシャーは大変なものだったろう。粘りに粘る山田演出に歯を食いしばって頑張っている姿が時折痛々しく見えるときもあった。

撮影が終盤に差し掛かった頃、「今晩也実の相談に乗ってやってくれませんか」とマネージャーに言われた。セット撮影が夜の10時に終わり、駅前のファストフード店2階の片隅に座る。也実は深刻な顔で目を伏せたまま「私は監督に見捨てられたんでしょうか」と言い出

有森也実（左）の夫役の著者（『ハラスのいた日々』にて、1989年）

した。私は大慌てで否定したが、思い詰めている彼女の耳には入らない。浅草の喫茶店での**中井貴一**、**平田満**との共演場面。あるカットの自分の芝居に納得がいかない。監督もいいと思っていないはずだ。それなのに撮り直そうとしないのは、言っても無駄だと思っているからだ。彼女の主張を要約するとこうなる。私は言った。３人の俳優を撮るときに、３人とも満点というのはなかなか難しい。ひとりの芝居に少し不満があっても、あとのふたりが抜群だったらＯＫにすることもあると。也実は不満そうに唇を突き出した。自分のことしか考えていないのだ。帰りの電車の時間が気に掛かった（也実はマネージャーの運転する自家用車だ）。突然ムカムカと怒りが込み上げてきた。

「自分の金で映画を作れよ！」語気を荒げて言ってしまった。也実はハッと顔を上げ、あの特徴的な丸く大きな瞳で私を見つめた。まだ十代の若い女の子になんてことを言うのだ！と思った。が、私は一度怒ると自制が効かない。「自分の金で作る映画だったら『私のことを第一に考えて』と監督に要求できるよ。だけど、今回君はコマのひとつでしかないんだぞ。スタッフだって撮り直してほしいと思うときもあるよ。でも、よっぽどでなければ言わずに我慢するんだ。監督の〝ＯＫ〟はそれくらい重いものなんだ」。

也実の表情がみるみる穏やかになっていった。「わかりました。ありがとうございました」。

私の怒りが思わぬ効果を生んだが、それは怪我の功名だったのだ。

それから3年後に私は也実と共演した。『**ハラスのいた日々**』（作品データは55頁）で也実の夫役を演ったのだ。といっても披露宴で也実の隣に座っているだけだったが。監督から指名された時、スタッフのひとりが「嫌がったらどうします」とからかった。「そんなことは絶対にあり得ない！」私にはある体験があった。

『キネマの天地』の1年後、本社の玄関に入ろうとした私を「鈴木さーん」と遠くから女性の声が呼び止めた。見ると、也実が走ってくる。1年ぶりの再会。彼女は私の首に両腕を回してぶら下がりながら「鈴木さーん、鈴木さーん」と呼び続けた――自慢話はこのへんで。

作曲家　佐藤勝

どんな毒舌を聞かせてくれるのか

『用心棒』『椿三十郎』『幸福の黄色いハンカチ』『戦争と人間』――これらの映画を思い起こすとき、それぞれの映画音楽が蘇ってくる。作曲家・佐藤勝さんの手によるものだ。

佐藤さんとは5本の作品で仕事をした。私は毎回佐藤さんに会うのが楽しみだった。どういう音楽を聴かせてくれるのかという興味ももちろんあったが、どんな毒舌を聞かせてくれるのかという興味のほうが上回った。

男で佐藤さん以上のお喋りな人を私は知らない。会ったことがない。ともかく喋りまくる。他人の話は聞かない。いや聞いてくれる暇がない。ほとんどが他人の悪口や批判だが、聞いていて実に楽しかった。

撮影終盤の頃、音楽家を撮影所に呼び、ラッシュ（撮影済みのフィルム）を見せてから音楽の打ち合わせに入る。その打ち合わせの前後が佐藤さんの独演会になる。直前に仕事した他社の作品に触れ、「あの監督はクライマックスというものがわかっていないんだなぁ」「主役の男はテレビで人気があるんだって？　ありゃあ役者じゃない、すぐ消えちゃうよ」佐藤さん自身が楽しそうに貶しまくった。それは佐藤さんがいい映画に参加した、いい映画を観たいという気持ちの表れだった。

「作曲家がある作品から触発されて書く以上、ノッテなきゃいいもの書けっこないです」と佐藤さん。触発される、というのが問題で、作曲家を触発しない作品も存在する。そういう時の仕事はノルこともできず、結果としていいものが書けず、憤懣やる方ないものなのだろう。毒舌を撒き散らすしか解消法がなかったのかもしれない。指摘した欠点、問題点はすべて的を射ていた。

91年公開の『**釣りバカ日誌4**』の音楽は佐藤勝さん。1から3まで別々の作曲家が担当した。私ひとりがスタッフルームで待っているところへ佐藤さんが到着。挨拶もそこそこに喋りだす佐藤さん。「今までの『釣りバカ』観たけど、音楽ひどいね。最近の若手（作曲家）は喜劇ってものがわかってないんだよ。ボクが喜劇映画の音楽はこういうものだっていうお手本をみせますよ」私は「よろしくお願いします」と答えた。

結果はお手本にはほど遠い、気の抜けたビールのような音楽だった。私も佐藤さんの域には達しないが、毒舌家と呼ばれている。

3年経って佐藤さんに会った。『**釣りバカ日誌5**』を担当することになったのだ。私の顔を見るなり「いやぁ、この前はどうもどうも。失敗しちゃったからねぇ、今度はちゃんとやりますよ、いい仕事をね」——3年前に言ったことを覚えていた。私はますます佐藤さんを好きになった。結果はこの作品も失敗に終わったが……。

佐藤さんは映画が好きで、映画音楽家をめざした数少ない作曲家。冒頭の作品以外にも多くの名作を残した。ただ、ご一緒した作品ではいい仕事をしてもらえなかったのが心残りである。

【作品データ：釣りバカ日誌4】
公開年：1991
監督：栗山富夫
原作：やまさき十三
脚本：山田洋次、関根俊夫、堀本卓

出演：西田敏行、三國連太郎、石田えり、尾美としのり、佐野量子ほか

【作品データ：釣りバカ日誌5】
公開年：1992
監督：栗山富夫
原作：やまさき十三
脚本：山田洋次、高橋正圀、関根俊夫
出演：西田敏行、三國連太郎、石田えり、乙羽信子、中本賢、戸川純、笹野高史ほか

中村登監督

自ら話す〝慌て者〟の失敗談

松竹大船映画といえば文芸女性映画といわれた時代があった。**中村登**監督作品は2度アカデミー賞外国語映画賞にノミネートされている。1963年に『**古都**』、67年『**知恵子抄**』だ。70年に入社した私は中村組の組付き（レギュラー）になった。

この監督ほどエピソードの多い人はいない。ほとんどが〝慌て者〟という性格が原因の失敗談だ。スタッフの先輩たちからどれほど聞かされたことか。とてもこの紙面では伝えきれない。

『**塩狩峠**』の撮影時、セットの下見（撮影前日セット美術の点検をすること）に向かった。監督はがに股で、スリムな身体なのに左右に身体を振りながら歩く。その後を私がつい

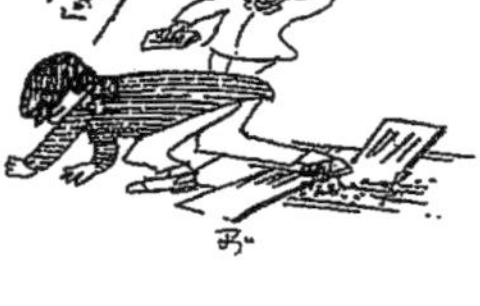

て行った。常夜灯のみで暗いステージに足を踏み入れた監督が叫んだ。「うわーっ！　凄いよ、どぶが作ってある！」。長屋のセットにはどぶが張り巡らされ、水が流れている。「鈴木君、こういうセットは足元に気を付けなくちゃいけないよ。いいかい、細心の注意を払わなくちゃね」。私に忠告を続けながら進んでいた監督が「アーッ！」と叫んで私の視界から突然消えた。暗がりに目を凝らすとどぶに片足を突っ込んだ監督が倒れている。慌てて抱え起こしに行った私に監督が言った。「こうなるからね、気を付けるんだよ」。

この人の凄いところは、自分から失敗談を話すことだ。撮影の合間にどれだけ笑わされたかわからない。永年中村組を担当していた録音技師が「どう？　この組楽しい？」と私に聞いたことがある。「はい」と答えると、「チーフが代わってから雰囲気が良くなったんだよ」と教えてくれた。

中村監督は時折頭に血が上り怒鳴る。ひとたび怒鳴ると抑制が効かなくなった。唇がわなわなと震え人が変わったように怒りまくった。その時チーフ助監督が活躍した。頃合いを見計らって冗談を言ったり、後で諌めたりと。私はいつかこの先輩のようになりたいと憧れたものだ。

中村組の雰囲気が良くなったことを監督自身が一番喜んでいた。週に何回か逗子の自宅から奥様が自家用車で昼食を運んでくれた。監督と4人の助監督との会食。おいしい手作り料理も嬉しかったが、監督と先輩助監督たちとの会話も楽しみだった。時には反省会になるが、反省するのは監督ひとり。「済まない」「申し訳ない」の連発だが、その姿は楽しそうだった。信頼できるチーフ助監督に出会えたことがよほど嬉しかったのだろう。

還暦を過ぎてから監督は真っ赤なセーターとかベストを着てくるようになった。「鈴木君、還暦を過ぎて赤が似合う男ってそうはいませんよ」と自慢する。「はい、よくお似合いです」と答えた私も還暦を過ぎた。私は現在ピンクのファッションが多い。仕事柄接している20代の若者に「この年でピンクの似合う男ってそうはいないよ」と自慢している。

【作品データ：塩狩峠】
公開年：1973
監督：中村登
原作：三浦綾子
脚本：楠田芳子
出演：中野誠也、長谷川哲夫、佐藤オリエ、新克利、武内亨、岩崎加根子、村瀬幸子ほか

木下恵介監督

褒めまくり、決断が早い

長い撮影所暮らしの中で、ひとりだけ天才に出会った。監督の**木下恵介**だ。言うまでもなく日本映画を代表する名監督のひとりだが、天才は木下恵介ひとりなのではないか。ともかく決断が早い。スタッフ、出演者が何を聞いてもズバッと即答する。考え込んだり言い淀んだりする姿を見たことはなかった。映画の完成形がこの人の頭の中にはあるのだ、と思った。

1979年公開作品『**衝動殺人　息子よ**』（作品データは100頁）でのことだ。

現場でスタッフ、主演者に指示を出すと後は早い。テストの回数も少なく、あっという間に終了してしまう。「早く終わっておいしい酒呑もうよ」若い頃よくそう口にした、とベテランスタッフから聞いた。

『衝動殺人　息子よ』六日町ロケ（79年）にて、メガホンを持つ木下惠介監督と著者（右）

新人男優が出演していたときのこと。1回目のテストでの芝居は目を覆いたくなるほど下手だった。木下さんはスーッと新人のそばに行き、肩に手を置いてから言った。「君、上手いねえ」——私は自分の耳を疑った。「何を言い出すんだ、この巨匠は……」木下さんは続けて「今のでいいんだよ。上手いんで感心しちゃったよ」。

木下さんは相手を褒める。時にはそばで聞いているこちらが赤面するほど褒めまくる。褒められれば誰でも気持ちがいい。新人男優の緊張を一言で解きほぐしてみせた。

『カルメン故郷に帰る』『二十四の瞳』『喜びも悲しみも幾年月』等の名作に出演した名コンビと謳われる**高峰秀子**さんも出演し

ていた（この作品が最後の出演作品）。

ある朝セットに入ってくるや否や「先生、今日のお芝居、私できません」と高峰さんが言った。ステージ内に緊張が走る。毎日監督の指示に従っていた女優の突然の反逆⁉ どうして脚本どおりにできないのか、その理由をまくし立てる。黙ったまま聞いている（言わせている）木下さんはポーカーフェースだ。どうやって説得するのか、私は固唾を呑んだ。

「ともかく、1回やってみせて」拍子抜けする反応に高峰さんは狼狽した。「だから私はできませんって言ってるんですよ」「デコちゃん（高峰さんの愛称）ならできるよ、上手いんだもの」――ここでもまた褒める！「そんな意地悪言わないで下さいよ。昨夜は寝られないで来たんですから……」理論武装してきた名女優に臆することなく「やってみせろ」としか言わない巨匠。

とうとう高峰さんが折れた。「じゃあ、やるだけやってみますけど、上手くいくはずないですよ。自分が納得していないいんですから……」。「できたじゃない！ いいじゃない！」テストの後木下さんが叫んだ。もう高峰さんは反論のしようがない。木下さんの勝ちだ。

木下さんとは師弟関係の脚本家**山田太一**氏がセットを訪問した日、高峰さんが「昔と違って助監督が働かないの、先生がお気の毒」と告げたという。私は『衝動殺人　息子よ』で助監督を務めた者のひとりである。

PART 3
▼
2009

『息子』1991 年、岩手ロケにて、三國連太郎（左）と著者

山田五十鈴
大女優が礼を言った……

昨年のＮＨＫ大河ドラマ『**篤姫**』は話題になったが１９６２年に放映された大河第２作『**赤穂浪士**』はそれ以上だった。当時のドラマは安っぽいものが多く、映画の大スターは出演しなかった。ＴＶドラマを〝電気紙芝居〟と揶揄する映画関係者もいて、ドラマを蔑視する風潮があった。映画スターがＴＶに出演すると格が落ちると考えられてもいた。そのＴＶドラマに大スター、天下の二枚目**長谷川一夫**（大石内蔵助役）が出演。これだけで大騒動だ。関係スタッフも戦々恐々だったろう。

収録が始まると、出演者たちがディレクターに対して小馬鹿にした態度をとり、現場の空気が気まずくなった。そのとき、長谷川さんがディレクターに声をかけた。「先生、どうし

ましょうか」と。主役のベテラン俳優が若いディレクターを先生、と呼んだのだ。以降出演者の態度が改まり、スムーズに撮影が進行したという。

当時高校生だった私も、毎週楽しみにして見ていた番組だが、後年この裏話を聞いたときの感動は今でも鮮明に覚えている。

私が助監督になって12年後に就いた作品に、名女優**山田五十鈴**さんが出演した。名女優の芝居を間近に見られる喜びと同時に、緊張して何か失敗をしてしまいそうな不安もあった。

〝繋がり〟の話は以前書いた。繋げるのは私の仕事だった。五十鈴さんは自分で繋がりを覚えている人で、カットの終わりと次のカットの頭は顔の向き、表情、手の位置、何もかもピタッと同じだった。さすがに映画一筋に歩んできたような人は違うなあ、と感心させられた。

ところが、あるカットの撮影時、最初のテストで手の位置が前のカット尻と違っていた。私が注意して直さなくてはいけない。注意しに行って「いいえ、私はこうしていましたよ」と反論されたらどうしよう。緊張で足が震えだした。ドックン、ドックン、鼓動が高まる。恐る恐る切り出すと、五十鈴さんは「そうでしたか?」と、前のカットの芝居を反復し始めた。セリフを言い、動作しながら。緊張でコチコチの私に「そうでした、そうでしたね」という答えが返ってきた。ほっとして「お願いします」と言い、カメラ脇に戻ろうとした私の背中に「ありがとうございました」と五十鈴さんのお礼の言葉が。私は私の仕事をしただけなのに。大女優が礼を言った。嬉しいというより感動が込み上げてきた。

中村勘三郎さんからこんな話を聞いたことがある。

森光子さんと共演した舞台の稽古中、演出家がある女優に注文を出すと「でも、私としては」とその女優が反論しようとした。すると森さんが「口答えしてはいけません」と小声だがピシャリと言った。その後稽古場の空気が良くなったという。

俳優のサイン

“自筆”かどうかを疑って

西城秀樹さんが新御三家と呼ばれたアイドル時代。撮影を終え、ステージを去ってかなり経ってから別の組のスタッフが色紙を持って入ってきた。近所の人に彼のサインを頼まれたのだという。もう撮影所を出て二度と来ないと告げると、「困ったなぁ、弱ったなぁ」とつぶやかれたがどうしようもない。と、思わぬことを口にした。「敏ちゃん、代わりに書いてよ」。私に西城秀樹のサインを書いてくれ、というのだ。泣きつかれた私は渋々書いた。偽サイン。後ろめたさは今でも残っている。

サインだけは目の前で書いてもらわなくてはいけない。

これは先輩の助監督から聞いた話だが、**美空ひばり**さんはサインを拒んだという。貰いたい人は自分のことしか考えない。自分のために1枚くらい書いてくれてもいいだろうと安易に考える。が、相手の立場で考えてみれば、何十枚、何百枚にもなるサインを誰が喜んでしたいだろう。製作部はロケ先でお世話になった方々、役所の観光課、宿泊先の旅館の関係者等々、沢山の色紙を預かってしまう。

「サインは無理です」と断るわけにもいかないのだ。ひばりさんに拒まれた先輩は「1枚だけ書いて下さい」と頼み、やっと1枚のサインを貰った。その本物を前に、助監督全員で偽造し、大量の偽色紙を発送したのだった。

三國連太郎さんはサインを拒まないと前に書いた。名前だけでなく〝夢〟とか〝華〟とか1文字を添える。時には漢詩を書くことも。

西田敏行さんは自分の似顔絵を書く。現在は浜ちゃんに扮した自分を。上手いだけでなく、サラサラと驚くほどの速さで書き上げる。

渥美清さんも自分の似顔絵を書いた。ただし、気分の良いときだけ。気の乗らない時は〝あつみきよし〟と平仮名で書くだけ。もし、渥美さんのサインをお持ちなら、似顔絵付きかどうかご確認を。

ユニークだったのは**郷ひろみ**さん。数人の女子高生に呼び止められ、おずおずと差し出された色紙を見た郷さんは困った表情で「ごめんね、今持ってないから」とサインを拒否。筆記具ではない。印鑑がなかったのだ。偽モノが横行するので、本物のサインであることを証明するために印鑑を押すことにしたのだという。

2007年の秋、私も**中村勘太郎**のサインを貰った。勘太郎ちゃんに色紙と筆ペンを差し出すと「ええっ！　僕がサインするんですかあ」と照れ笑い。書き始めんとしたとき私が言った。「サインを貰うの、君で2人目なんだぜ」「前は誰ですか」「長嶋茂雄さんだよ」。彼は手を止め「プレッシャーかけないで下さいよ」と笑った。その長嶋さんのサインも目の前で書いてもらったものだ。

小林稔侍

不器用さを笑いに変える

小林稔侍さんは98年公開の『**学校Ⅲ**』に出演依頼されたとき、「小林桂樹さんの間違いではないか」と疑った。**山田洋次**監督が自分に目を付けるはずがないと。

65年の映画デビュー作は『**地獄の波止場**』。以降やくざ映画やアクション映画の脇役が長く続くが、どんな脇役でも全力投球の姿に**高倉健**さんが目をかけ、彼の出演映画のほとんどすべてに出演した。

職を失った中年男女が通う職業訓練校で出会った男女の不器用な恋物語『学校Ⅲ』で、稔侍さんは**大竹しのぶ**さんを相手に名演技をみせた。が、当時は意外なキャスティングと話題になった。制作会見で稔侍さんは言った。「山田組は初めて。女房に『スポーツで言ったら

オリンピックに出場したみたい』って言われました。メダルを取れなくても、最後まで一所懸命走ります」と。映画が完成した時、山田監督は「技巧派の大竹さんと不器用派小林さんのコンビが良い味を出してくれたと思います」と語った。以降、不器用派小林稔侍さんは山田組の常連に。

稔侍さんは現在、山田監督の新作『**おとうと**』（作品データは27頁）に出演中だ。私も『**母べえ**』（作品データは70頁）に続いて2年ぶりに撮影現場で記録係を勤めている。

稔侍さんの初日。妹（**吉永小百合**）の娘（**蒼井優**）の結婚式当日、ウェディングドレス姿の姪に伯父（小林稔侍）が近づくカット。ただ歩くだけの芝居。1回目のテストで監督がつかつかと稔侍さんに近寄った。はて何を言うのかと見つめていると、「稔侍さん……何から何まで変ですよ！」と意表を突く発言。稔侍さんは赤くなり、しきりに恐縮。その謎が後で解けた。

「妹が女手ひとつで育てた娘の結婚式だろう。伯父として面倒みてきた可愛い姪のウェディングドレスを初めて目にするんじゃねえか。それをよう、俺ったら、横断歩道で赤から青に変わったような気分で歩いちまったもんな、何も考えねえで」稔侍さんのそばにいたスタッフは全員大爆笑した。「それにしても俺の心を見抜いちまうんだから、凄えよね、あの人（山田監督)」。

自分の不器用さを笑いに変えてしまう稔侍さんは他人を笑わせることが大好き。周りはいつも笑いが絶えない。

主演のひとり、**笑福亭鶴瓶**さんが私に言った。「わての芝居、いつも一発OKと違う?」「そういえばそうですね。稔侍さんは一発OKが出た記憶がないけど」「うわっ!　今晩稔侍さんに電話したろ」鶴瓶さんはニンマリと本当に嬉しそうな顔をした。

山田組初参加の**森本レオ**さんが緊張でコチコチなのを見た監督は、黙ってレオさんの肩を揉んだ。これを告げると稔侍さんは、「俺だって肩揉んでもらいてえよ」と口を尖らせた。駄々っ子のような表情で。

【作品データ:学校Ⅲ】
公開年:1998
監督:山田洋次
脚本:山田洋次、朝間義隆
出演:大竹しのぶ、黒田勇樹、余貴美子、小林稔侍ほか

その道を究めた人

教えられたあれこれ

撮影所で助監督をしている、と言うと、「いつも綺麗な女優さんに囲まれていいですね」とよく言われた。一面事実だが、撮影現場は私の職場であり、出演俳優は職場仲間といったほうが実感に近い。

しかし、業種の違う人が出演するとわくわくと心躍ることが多かった。そして、その人から教えられることも。

88年公開の『**椿姫**』（作品データは104頁）にプリマドンナ役でソプラノ歌手・**秋山恵美子**さんが出演した。劇中劇で歌劇『椿姫』の主役ヴィオレッタを演じ歌う場面もある。当時秋山さんは舞台で『椿姫』を歌うことはなかった。コロラトゥーラ唱法という、きわめて高い声

で装飾音をふんだんに使わなければならず、普通は若い頃にしか歌わない。秋山さんはこんな話をしてくれた。

「『椿姫』を歌っていた若い頃は声は出たんですけど、役柄を摑めていないというか、上手く演じられなかったんですよね。今なら上手く演じられる自信があるんだけど、悲しいかな声が出ないのよねぇ。人生思うようにいかないものですね」。

これは何にでもあてはまる話だなぁと思いつつ聞いた記憶が残っている。

野球評論家の**田尾安志**さんが97年公開の**『釣りバカ日誌9』**（作品データは80頁）に出演した。ロケ先の鹿児島県甑島の旅館の食堂で、並んでプロ野球のナイター中継を見た。田尾さんは投手の配球を予想し、驚くほどの確率で言い当てた。投手の心理を読むのだ。「次はカーブですよ。直球を投げる自信がないんです。気持ちが逃げてるから外れてボールでしょう」というふうに。

前から疑問に思っていたことを田尾さんにぶつけてみた。

「よく〝長嶋巨人〟とか言いますけど、やるのは選手なのだから変じゃないですか。監督の影響力はどのくらいあるんですか」と。

「おっしゃるとおり、選手の力が第一です。でも、選手も人間ですから、やる気を起こさせ、持っている力を目一杯引き出せるかどうか、監督の力量も勝ち抜くには必要なんですよ」。

08年公開の『母べえ』に歌舞伎役者**坂東三津五郎**さんが出演した。三津五郎さんからはこんな話を聞いた。

「『プロとアマの違いは？』とよく聞かれますが、私はこう答えます。『やりたいときにやるのがアマ、やりたくなくてもやるのがプロ』と。例えばゴルフ。アマチュアなら気が向かなければやめるでしょう。プロはそうはいきません。たとえ体調が悪くても、誰かと喧嘩して精神状態が不安定でも、役者は舞台に立たなくてはいけないんです。それがプロなんじゃないですか」。

役柄のために減量し、数日間絶食していた三津五郎さんは、撮影が終わったら真っ先に食べたいものとして〝牛タン〟を挙げた。

吉永小百合
人の気持ちを思いやる

吉永小百合さんは気配りの人だと以前書いた。山田洋次監督作品『おとうと』（作品データは27頁）に出演中の小百合さんは、3月13日に誕生日を迎えた。

その日、こんなことがあった。ひとりのプロデューサーが朝からそわそわと落ち着かない。小百合さんの誕生祝いで頭がいっぱいだったのだ。やっと極秘のシナリオができたと、私に打ち明けた。
①昼休みになったところで、俳優だけ先に食事をとステージから出す。②セットの裏側の空き地に舞台を作っておき、スタッフ全員を集結させる。③監督が話したいことがあるそうです、と小百合さんを呼び戻す。④話って何だろうと首を傾げながら、小百合さんが誘導さ

れるままセットの裏側に着くと〝ハッピー・バースデー〟の音楽が鳴り出し、スタッフの盛大な拍手が迎える。と、こういうものだった。

1週間前から、スタッフは色紙に一人ひとりが〝おめでとうございます〟のメッセージを寄せ書きしていた。バースデーケーキ、花束も用意してあった。「あとは小百合さんにばれないように、どう極秘に進められるかです」とプロデューサーは言う。

そんなもの、聡明な彼女が気付かないはずがない。が、私は言えなかった。小百合さんを驚かせ、喜んでもらおうと一所懸命なプロデューサー氏の奮闘ぶりを目の当たりにしては……。

昼休みが近くなる。製作部がこそこそ、ひそひそあちらこちらで最終確認をしだす。こんな光景を小百合さんが見たら、いっぺんに疑われてしまう。と、小百合さんの姿が見当たらない。私は彼女を探した。小百合さんはセットの壁の裏側に立っていた。誰の目にも付かない場所でじっとしていた。

とっくに気付いていた彼女は、気付かないふりをするのもしんどいから隠れていたのだ。

監督が私を呼び「小百合さんが会場に足を踏み入れた瞬間に音楽が鳴りだすよう君がキュー出してくれ」と言う。監督も驚かそうと夢中だった。小百合さんがステージから出た。驚スタッフが裏側に集合する。呼び戻された小百合さんはステージに入ると、髪を整えた。ビデオカメラが向けられていることも承知だったから。

小百合さんが裏の広場に着く。♪ハッピーバースデートゥーユー、私のキュー出しがピタッと決まった。

と、小百合さんはびっくりした様子を見せ、次に泣き出しそうな表情になり、満面の笑顔になった。

監督も、かのプロデューサー氏も、してやったりと満足気。八方丸く収まったわけで、めでたしめでたしの誕生祝となった。

それにしても、騙されたふりをし続けた小百合さん、お疲れさまでした。あなたはやはり名女優です。

笑福亭鶴瓶

原動力はその尽きぬ好奇心

笑福亭鶴瓶さんには毎日驚かされている。現在、**山田洋次**監督の新作映画『**おとうと**』（作品データは27頁）に出演中だ。**吉永小百合**さんの実弟役で、題名の『おとうと』は鶴瓶さんのこと。

病で死んでいく設定のため、撮影に合わせて減量した。大好きな酒を控え、食事の摂り方を研究したそうだ。「こんないい脚本を書いていただき、吉永さんの弟役なんて夢みたいな役を貰って、誠意を尽くさな申しわけありませんやん」とは彼の弁。

最近のテレビを見た視聴者から「どこか身体の具合が悪いのではないか」という問い合わせがテレビ局にくるらしい。それくらい別人のごとき痩せぶりだ。

撮影所でカメラの前に立つと全力投球。が、一歩離れると出演者、スタッフ誰彼なしに話しかける。そして笑いを起こす。みんな「テレビで見たまんまの人だ」と口を揃える。撮影日の翌日は日帰りロケ（TV番組「家族に乾杯！」の収録）で新潟へ、奄美大島へと飛び回る。そのエネルギーには脱帽してしまう。

セットでの撮影中、同時進行でラジオ番組の収録という日もあった。準備中の時間を利用して、マイクを握った鶴瓶さんがスタッフを摑まえてインタビュー。もちろん最後は笑えるようにリードする。助監督が「撮影の準備ができました」と声をかけると、マイクを放り出してカメラの前へ。台本をチェックしたり読み直したりしていないのに、最初のテストからスラスラとセリフが出てくる。そもそもこの人が撮影現場で台本を拡げているのをほとんど見たことがない。撮影が終わるとまたマイクを持ってスタッフを追いかけ、ラジオ局のディレクターに「あと何分足りないんや」と聞く。この日はその繰り返しだった。

鶴瓶さんは好奇心の塊のような人だ。現場で私が「カット5は欠番！」と叫ぶと、「欠番て何？」と聞いてくる。説明するのが面倒で「俳優は知らなくていいんです、そんなこと」と言うと、「意地悪せんと教えてえな。何でも知りたいねんから」と食い下がる。おかげで映画や撮影に関するいろいろなことを鶴瓶さんに教える破目になった。

　ある日のロケで私は寝坊してしまった。現場に到着するとテストが始まる寸前だった。鶴瓶さんがニコニコしながら「鈴木さん、お早うございます」と声をかけてきた。私は鶴瓶さんの耳元で「寝坊して今着いたんです」とささやくと、「エエーッ！」と大仰に驚いた。近くのメイク係の女性が「鶴瓶さんに言っちゃ駄目よ」と言う。「そうかラッパか！」と言った私に、「ワシのは電波を使うからなあ」と言いながら、鶴瓶さんはニヤリと不気味な笑みを浮かべた。

加瀬亮
名を捨てて仕事にこだわる格好良さ

先日終了した**山田太一**脚本の連続テレビドラマ『**ありふれた奇跡**』に出演した**加瀬亮**さんは、収録が終わってすぐ、山田組の映画『**おとうと**』（作品データは27頁）に参加した。3月5日のロケ初日の翌日、セット撮影で向こうから話しかけてきた。

「ボク、**小津安二郎**監督の映画、どこがいいのかよくわからないんですけど……」。

聞けば、外国映画はよく観てきたが、日本映画を観るようになったのは最近なので不案内なのだとのこと。なぜ私に聞いてきたのかは聞きそびれた。専門学校で先生をしていることをスタッフの誰かに聞いたのか、それとも私が年を食っているせいか。

私は、自分も若い頃は小津映画の良さがわからなかったと伝え、遺作の『**秋刀魚の味**』を

観ることを薦めた。他の監督の話もし、6、7本の作品の題名を挙げた。

5日後（次の出演日）、セットに入るや否や加瀬さんはツカツカと私に近づいてきた。

「この前薦めていただいた映画のDVD全部買いました」。これには驚いた。数えきれない若い人に映画の話をしてきたが、こんな素早い反応は加瀬さんが初めて。以降、出演中ずっと映画の話で盛り上がった。「鈴木さんが薦めてくれた『驟雨』はソフト化されていないんですよね」と残念がる加瀬さんに、DVD（テレビ放送を録画したもの）をあげたりもした。

2000年に『**五条霊戦記**』で映画デビューした加瀬さんは、ほとんど映画の仕事だけしてきた俳優だ。映画へのこだわり、思い込みは人一倍強い。

テレビに出演したほうが知名度は上がる。積極的にバラエティー番組に出演する俳優も増えてきた。「ボク、知名度要りませんから」と加瀬さんは言った。とても格好よく見えた。

映画に比べ、テレビドラマの現場は時間的な余裕がない。効率第一だ。これは昔も現在も変わらない。『ありふれた奇跡』は加瀬亮初の連続ドラマ出演ということが話題になった。が、加瀬さんは言った。「あんなにいい脚本なのに、撮影に時間がかけられないんですよ」――口惜しそうな顔には、やっぱり映画にこだわりたいという思いが滲み出ていた。

ある日、雑誌のインタビューがあった。私は見学させてもらうことにした。質問されるたびに答えを探し、ウーム、ウームと首を捻る加瀬さん。トータルすると、話している時間より沈黙している時間のほうが長いように感じた。「ボク、ラジオ番組に一度出演したら、二度と声をかけられなくなりました」と苦笑しながら言った。

小雪が舞うほどの寒い夜。真夏の場面の夜間ロケがあった。Tシャツ姿の加瀬さんは、くわえ煙草のまま腕立て伏せを始めた。加瀬亮は興味深い男だ。そして何よりも格好良い！

【作品データ：五条霊戦記　GOJOE】
公開年：２０００
監督：石井聰亙
脚本：石井聰亙、中嶋吾郎
出演：隆大介、浅野忠信、永瀬正敏、岸部一徳、國村隼ほか

蒼井優

自然な振舞いと低姿勢ぶり

蒼井優さんは現在23歳だが個性派女優の代表選手だ。３年前の映画『**フラガール**』で多くの映画賞を受賞した。

その蒼井さんが**山田組**に初参加。私はどんな女性なのだろうと一緒に仕事するのが楽しみだった。**吉永小百合**さんの娘で**鶴瓶**さんの姪という役柄。共演者で一番年の近い**加瀬亮**さんでもひと回り上。ほとんどが自分のお父さん、お母さん世代。出演者中の最年少だ。そんな職場でどんな振舞いを見せるのか。

「山田組は緊張します」と出演者たちは口を揃えるが、彼女は初めから自然体。「現場ですっごい楽しそう」と鶴瓶さんも感心するほどだ。

優ちゃん（と呼んでいたので、以降はこの呼び名で）は笑顔が絶えない。山田組の撮影現場でこんなに笑顔を見せた女優は記憶にない。「緊張しないの？」と聞くと、「緊張しますよ」とサラリと言う。本当に緊張していたのか、今でもわからない。

彼女がスタッフに「ありがとうございます」と言うのを何度も耳にした。例えば、若いヘアメイク係が撮影のために髪を束ね終え、そのことを告げると「ありがとうございます」。スタッフにとっては当たり前のことをしたのだから礼は要らないのだが。

また、自転車で走る場面を撮影する前日、助監督が「この自転車使います」と見せると、早速跨って乗り心地を確認した後、「ありがとうございます」。このケースも「ありがとう」と言う俳優はまずいない。せいぜい「わかりました」とは言っても。

撮影中、芸術選奨新人賞を受賞した。「おめでとう。すごいね」と言うと、「そんなにすごい賞なんですか」とケロリと答えた。どうやら賞に対して執着心がないのだ。そのくせ授賞式に出席した翌日、「新人賞を受賞した人たちを代表して、**市川亀治郎**さん（歌舞伎俳優）がスピーチしたんですよ（内容も語ったが省略する）。立派なスピーチで、私もいつかこんなことを言える人間になりたいなあと思いました」なんて言う。

山田組には見学者も多い。ある日、私が差し入れの柏餅を食べていると、隣で優ちゃんがティーバッグを使ってお茶を作り出した。「はい、玄米茶ですけど」と、そのお茶を私の前に差し出したのにはビックリした。女優にお茶を淹れてもらったのは初体験だったから。そして以降もないだろう。

優ちゃんの撮影がすべて終わった日、山田監督に抱擁され、小百合さんから花束を受け取った優ちゃんは「大好きなみんなに囲まれて、私は毎日幸せでした」と言うと、ポロポロと大粒の涙を流していた。

若いスタッフは「ナチュラルな人」と言い、小百合さんは「野に咲く花のような人」と言った。

【作品データ：フラガール】
公開年：2006
監督：李相日
脚本：李相日、羽原大介
出演：松雪泰子、豊川悦司、蒼井優、山崎静代、徳永えりほか

森本レオ
筋金入りのアバウトさ

映画『**おとうと**』（作品データは27頁）の撮影は、２００９年1月15日から4月6日まで東宝撮影所を中心に行なわれた。

準備中の昨年12月末、出演者全員が撮影所に集合し、台本の読み合わせをした。これは珍しい出来事で、いかにも大物監督の組だと誰もが再認識したに違いない。

大きな会議室。出演者全員が緊張して座っていたその中に**山田組**初参加の**森本レオ**さんがいた。「山田組初出演、どうですか」と声をかけると、「（**桃井**）**かおり**に相談したら『断りな、ボコボコにされちゃうよ』っておどかされちゃったよ。もう緊張でガチガチだよ」と苦笑い。

高校生のときにデビューしたレオさんのキャリアは40年を超す。俳優業だけでなく、『**き**

かんしゃトーマス』のナレーター、数多くのコマーシャルの声、あの独特なふわふわした語り口調が多くの人に愛されてきた。

レオさんの初日はリハーサルだけ。「ぼくはアバウトなんで怒られちゃうんだろうなぁ」と口にしていたが、始めると予想どおり怒られた。

笹野高史さんと世間話をしながら坂道を下ってくる場面。「セリフは明瞭に言ってください」とはじめはやさしく注文していた監督だったが、一向にレオさんの口調が変わらないのに業を煮やし「何でふわふわした言い方するの！」と声を荒げた。笹野さんが小声で言った。「森本節を捨てろってことですね」――途方に暮れるレオさん。笹野さんは「神様が与えてくれた試練だと思って！」と励ました。

翌日は石川台ロケ。坂道での芝居のテストが延々と続いた。レオさんのセリフが毎回違う。自分流の言い方に変えてしまうのだ。見かねた私は「台本どおりに言わないとだめですよ」と忠告すると苦笑した。ずーっとこの調子で演じてきたのだ。「普段セリフもろくに覚えないでやってますからね……」。本当にアバウトな人なのだった。

監督がレオさんに近づいていく。雷を落とすのか、と見つめていると、何も言わずにレオさんの後ろへ回って彼の肩を揉み、無言のままカメラ脇に戻っていった。「見たぁ？　いまの」大げさな言い方で私は笹野さんに問うた。「見た、見た」と笹野さんも大げさに答えた。「肩なんて揉まれたことあった?」「ない、ない」ふたりでレオさんをからかう。「俺ってそんなにダメなのかなあ……」レオさんは首を傾げた。

レオさんはその後も叱られ続けた。が、最後までめげなかった。そのアバウトさは筋金入りである。レオさん曰く「年の初めに山田洋次〝闘魂ビンタ〟をもらったって感じかな。ありがとうございますって感じだよ」。「きっといつかどこかで何かの役に立つんだよね」と私が言うと、初めてニッコリと笑顔を見せた。

オペラ愛

〝オペキチ〟は〝オペキチ〟を求める

私がオペキチ（熱狂的なオペラファン）になって35年。よく外国語がわからないので、と二の足を踏んでいる人を見掛けるが、心配無用。現在では外国映画のような字幕スーパーが映写される。

私が見始めたころはこのサービスがなかった。私は対訳書を目で追いながら、何度も何度もレコードを聴いた。ストーリーだけでなく、アリア（独唱歌曲）の大意も覚えてから劇場に向かった。予習をすればするほど当日楽しむことができた。この勉強のおかげで、ほとんどの有名なオペラは字幕を見なくても楽しめるようになった。

『**椿姫**』というオペラの舞台も登場する映画の仕事をしたときのこと。観客席のエキストラ

の人びとに、私は舞台の上からどういう反応をしてほしいか指示をした。出演者のひとりで世界的なバリトン歌手の**木村俊光**さんが「あなたオペラ詳しいね」と私に嬉しそうに言った。「ええ、一度舞台に立ってみたいんです」——思ってもいないことを口にする悪い癖が出た。「出てよ、今春の公演一緒にやろうよ」と大乗りの木村さんに私が慌てて断ったのは言うまでもない。

桜井センリさんがオペキチなのは有名だ。音楽雑誌にエッセーを書いていたこともある。センリさんと一緒の仕事中はオペラ談義に花が咲いた。ある日の横浜ロケ。センリさんの撮影が3時に終了した。と、「鈴木さん何時に終わるの?」。「あと2時間はかかりますね」と答えると「ボク待ってるよ」と言う。オペキチはオペキチを求める。その頃ふたりとも同じ地下鉄沿線に住んでいたので、車中ずっとオペラの話をした。好きなプリマドンナ（主役の女性歌手）の話題になると喧嘩になった。いや、口喧嘩と言ったほうが正しい。お互いに相手の贔屓の欠点をあげつらう。負けてたまるかと声が大きくなっていく。我われは楽しかったが、他の乗客は迷惑だったろう。

副業でオペラ関連の仕事をしたある時、テノール歌手が「これ知ってます?」と言った。「ソプラノ〝でぶ〟にアルト〝ぶす〟、テノール〝バカ〟にバリトン〝すけべ〟ってての」——

私は笑ってしまった。確かにソプラノには肥満体が多く、アルトの容姿は口にしにくい人が多かった。それなのにメゾ（アルト）のアリアで自分の美貌を呪う歌もある。要は声の良さなのだ。

現在は女声陣の容姿は良くなった。その理由はわからないが。男声陣も当たっていた。思い込みが激しく頭の固いテノール、浮気を繰り返しているバリトンを何人も知っている。こちらは最近どうなっているのか知らない。

女声は容姿で男声は性格——今から見ると差別的な気もするが教えてくれたのがテノール歌手だったのがおもしろい。そしてそのテノールもまた……。

山崎努

大ヒットを導いた白い褌

「たたりじゃー!」年配の方には懐かしいこの流行語は、77年公開の映画『**八つ墓村**』から生まれた。

制作費7億円、76年8月に撮影開始、翌77年9月に完成した。上映2時間31分の超大作で出演者も120人以上。主演級もズラリと顔を揃え、豪華キャストと話題になったが、現場は大変だった。

物語の終盤、長大な鍾乳洞の中を主演の**萩原健一**と**小川真由美**が歩く。この鍾乳洞の撮影は北は岩手県、南は沖縄県まで全国8箇所で行なった。

岩手県滝観洞《ろうかんどう》。この鍾乳洞の最奥には滝が流れている。滝に辿り着くと、あまりの美しさ

に誰もが言葉を失う。ところが入口は地獄だった。しゃがまないと通れない狭い狭いトンネルなのだ。しゃがんだ状態で右、左、右、左と一歩一歩前進する。トンネルを抜け出た者は背筋を伸ばして「ウーム」と唸る。私は台本しか持ち物がないからまだいいが、撮影部、照明部、機材を運ぶスタッフは死に物狂いだった。そんな中、萩原健一さんの付き人が釣り用の保冷庫を運び込んでいた。重たそうなその中身が気になった。

撮影現場に到着すると、萩原さんは保冷庫を開けて缶ビールを取り出した。保冷庫の中には缶ビールと氷がギッシリ詰まっており、撮影の合間に水分を補給するようにそいつを飲む。別に芝居に支障を来たしたわけではないし、まっ昼間から、そして仕事中にということを咎める気もない。が、せめて自分で運んだらどうだと思った。

私的にいうと仲の悪い萩原さんと小川さんのキスシーン。「カット」の声がかかると萩原さんは「ガラガラガラ、ペッ」——これ見よがしにビールでうがい。小川さんは平然と見て見ぬふり。何ともおぞましい光景である。『八つ墓村』はおどろおどろしいストーリーだが、裏側も同じだったのだ。

桜並木の下を桜吹雪を浴びながら異様な扮装の**山崎努**さんが走ってくる、刀を振りかざして。「たたりじゃー!」の声。このTVスポットも話題になった。当時の小学生が校庭で真似をし、先生たちを困らせたものである。

その撮影時。「本番！」の声がかかる。と、「待ったー！」と山崎さんが叫んだ。スタッフ全員が遠のく山崎さんを見つめる。山崎さんは着物の裾を開け、褌の前に垂れた部分をよいしょ、よいしょという感じで引っ張っていた。そして何度もチェックしてから「はい。どーぞ！」と叫んだ。

山崎さんが手前に向かって走り出す。裾が開け、真っ白な褌がひらひら舞った。『八つ墓村』は大ヒット作となった。その功績者のひとりは山崎努さんだ。あの褌のひらひらが強烈なインパクトを与えたのだから。

【作品データ：八つ墓村】
公開年：１９７７
監督：野村芳太郎
原作：横溝正史
脚本：橋本忍
出演：萩原健一、小川真由美、山崎努、渥美清ほか

中野良子

女優である前に一人の人間だ

7月中旬に映画『おとうと』の初号試写会があった。私は、出演者の小林稔侍さんと茅島成美さんから握手を求められた。気を遣ってくれてありがとう、の意を感じた。

「俳優は待つのが仕事」とよく言われる。1カットの撮影が終わり、次のカットのテストが始まるまでの時間はまちまちだが、30分、時には1時間後になることも。スタッフは準備の仕事があるが、出演者はすることがない。ただひたすら待つだけだ。その間私は俳優たちと雑談した。少しでも退屈しのぎになればいいと。しかし、若い頃はそれができなかった。

女優の中野良子さんとは3本の仕事をしたが、私語を交わしたことは一度もない。今の私ならどうだろうと考えたりもする。

「我がままで生意気で、あんなに扱いにくい女優はいない」という噂は耳にしていた。

73年公開の『**花心中**』(作品データは93頁)。噂は本当だった。原宿ロケ。遠くから歩いてきた中野さんがカメラ前で立ち止まる。その立ち止まる位置がテストの度に違う。立ち止まってほしい場所にチョークで目印を書いても、一向に気にしない。困ったピントマンが「中野さん、どこで止まりますか」と聞くと「やってみないとわかんない」と驚くべき御返事。こんな女優は初めてだった。

ヌードとは言わないが、肌着姿でなければ成立しないベッドの上の場面。彼女はショートパンツ姿でカメラ前に立った。この頃だったろうか。「私は女優である前にひとりの人間だから」という名(迷)言を口にしたのは。

恋人役の**近藤正臣**さんが中野さんの肩を抱いて歩いて来る。300メートルの距離。カメラは超望遠レンズ。カメラ脇の監督がトランシーバーで指示を出す。俳優の近くにいる助監督がその指示を伝える。

テストが始まった。「頰をつけて」と指示が飛ぶ。助監督が「頰をつけてください!」と叫ぶ。近藤さんが顔を近づける。と、中野さんは首を傾げた。「頰をつけて!」また監督の指示。近藤さんが首を傾げる。今度は顔を背ける中野さん。避ける、嫌がる、拒む、遠目にもそう見えた。

3度目に近藤さんが切れた。「やってらんないよ！」――と、監督が叫んだ。「わかった！撮影中止だ！」ひとりの人間として、好きでもない男と頬をつけられないということだったのか。

中野さんは現在、女優業の傍ら文化人を日本に招聘し「平和文化フォーラム」を共催、多くのボランティア活動にも参加し文化人としても活躍中だ。

年を重ねることで私が変わったように、中野さんも変わったのだろうか。お互いに若い時に出会っただけなのが残念な気もする。それにしても物凄い女優、いや、人間だった。

大谷直子

鳩がいるから歩けない

なぜか女優には近眼の人が多い。瞳が潤んで美しく見えるという説もあるが、当人にはハンデもあるようだ。

岩下志麻さんがレストランでテーブルの上のおしぼりをバナナと間違え、皮をむこうとした話は有名だ。

72年公開の『**辻が花**』（作品データは104頁）というメロドラマ。主演の岩下さんがひとり崖の上に佇む場面の撮影。和服姿の岩下さんが歩きやすいようにサンダルを履かせ、私が手を引いて連れて行く。崖に近づくと岩下さんの歩みが遅くなった。極度の高所恐怖症。ぼんやりとしか見えない目で崖の上に立つのは誰でも怖いだろうが。

目的地に着き、私は尻ポケットから草履を取り出し、サンダルと履き替えさせる。私の肩に乗せた岩下さんの手が小刻みに震えていた。岩下さんを残し、役目の終わった私は一目散に走って逃げる。カメラのフレームから外れるために。

駆け出し助監督のこんな姿は親に見せられないな、と思った。しかし、4つ上の兄に話すと、羨ましがられた。「いいなあ、岩下志麻と手をつないだの」と。

同じ年、**大谷直子**さんの手を引いた。連続テレビドラマ『**愛子よ眠れ**』の東京日比谷公園ロケ。「私、鳩がいたら歩けない」と近眼の大谷さんは目を細め、辺りの様子をうかがっている。目的地までの道には沢山の鳩が動き回っていた。クックックックッと鳴き声だけ聞こえる恐怖感。私は大谷さんの手を引き、足元の鳩を蹴散らしながら歩き出す。クワッ、クワッと鳩が鳴くたびに「キャーッ、キャーッ」と悲鳴を上げる大谷さん。「私、鳥という鳥はみんな駄目なのよ」「じゃあ、鶏肉は食べられないんですか」と聞いた。「ううん、焼き鳥は大好きなの」——私は握っていた手を放しそうになった。

中野良子さんはコンタクトレンズをはめていた。スタッフとは口を利かず、監督からの注文には反論したり、自分はこうしたいと自己主張するので撮影には時間がかかる。スタッフから最も嫌われるタイプ。ある日のセット撮影。午前中の撮影が終わり、スタッフがセットから外へ向かい始めた時に「ああーっ!」と中野さん。彼女のコンタクトが外れてしまったらしい。床に這いつくばって探しているが、スタッフは全員見て見ぬふりをしてステージから出て行く。中野さんの「どうしよう!」という叫び声がステージに響いていた。松竹大船撮影所は俳優、とくに女優には優しく親切なことで定評のある会社ですよ、念のため。

吉永小百合さんはよくつまずく。映画『**おとうと**』(作品データは27頁)で弟(**笑福亭鶴瓶**)の後を追いかけ玄関を飛び出した所でつまずき、よろめいた。慌てている感じにOKが出たが、小百合さんは「お芝居じゃないのよぉ、本当につまずいちゃったの」と苦笑していた。

三國連太郎

吹替えできない〝手〟の芝居

74年公開の『**砂の器**』。山梨県塩山附近でのロケが終わり、帰途の中央線車中で私はチーフ助監督に呼ばれた。急遽車内で1カット撮ることになったという。殺人犯の愛人（**島田陽子**）が右手一杯に掴んだ紙吹雪のようなものを、走る電車の中から窓外にまくカット。ロケに同行していない島田さんの代わりに私の右手で撮るという。

手の吹替えだ！　私の小さな手が買われたのだ。「おばちゃんに右手を白く塗ってもらってこい」――言われるままにメイク係に事情を話し、右手を差し出した。おばちゃんは私の手をピシャッと叩いた。「陽子ちゃんの手、よく見てみぃ。こんな小っちゃい手、違う」。

私の手は不採用になった。後日確認すると、彼女の手は私の1・5倍の大きさはあった。私

の〝小さい手コンプレックス〟はいまだに消えない。

『砂の器』には別の指の吹替えもある。**加藤剛**さんが弾くピアノの指だ。あの指は作曲家・**菅野光亮**さんである。小太りの菅野さんの指は太くて丸い。加藤さんの指とは似ても似つかない。最初のラッシュ（そこまでの撮影分）では事情を知るスタッフ一同が大爆笑。映画でも観客が笑ってしまうのではないかと私は心配だったが意外に気付かれなかったようだ。

前年73年公開の『**同棲時代**』で私の右手は出演している。主人公の今日子（**由美かおる**）と次郎（**沖雅美**）が出会う場面。イラストレーターの次郎がスケッチブックに自分の名前を書く。画面はスケッチブックと右手。私の右手（吹替え）が次郎と書いた。握り締めた状態なので小さいことは問題にされなかったのだ。

79年の『**配達されない三通の手紙**』。この三通の手紙は私が書いた。93年の『**スペインからの手紙**』では、何とタイトルまで書いてしまった。

88年公開の『**釣りバカ日誌**』では**三國連太郎**さんの指を吹替えで撮るという話が持ち上がった。顔が映らず芝居もない身体の一部の場合、スタッフが俳優に気を遣い、吹替えで済ますということが往々にしてある。

私は猛反対した。三國さんの手はまるで熊の手だ。でかく、厚く、ゴツゴツして毛深い。

「誰が吹き替えるんだ、三國さんの手を見たことがあるのか！」。『砂の器』でメイクのおばちゃんに教えてもらったことだ。

三國さん自身の手で撮影することになった。書類に押印する三國さんの手のアップ。三國さんは印鑑を付くと、力まかせにグイグイとねじり回した。書類がクシャクシャになっていく。押したくないという設定だった。スタッフ全員が呆然とした。

吹替えでは撮れなかったのだ。右手だけでも芝居ができることを、このとき三國さんから教わった。

【作品データ：砂の器】公開年：１９７４
監督：野村芳太郎　原作：松本清張　脚本：橋本忍、山田洋次
出演：丹波哲郎、森田健作、加藤剛、島田陽子、加藤嘉ほか

【作品データ：同棲時代】公開年：１９７３
監督：山根成之　原作：上村一夫　脚本：石森史郎
出演：由実かおる、仲雅美、大信田礼子、入川保則、ひし美ゆり子ほか

堺正章

人の〝繋がり〟間違いをからかうマチャアキ

入社した翌年、まだ駆け出しの私に先輩が「今度の作品でシートマンをやれ」と言った。松竹以外ではスクリプターと呼ぶ女性の仕事だ。神経を遣うとても骨の折れる仕事で固辞する私に「初めてのシートはやりやすい組とやりにくい組があるんだ。俺を信用しろ」と迫る先輩助監督。私は渋々承諾した。「先輩め、自分の仕事を俺に押し付けて、楽をしたいんだな」とこのときは邪推していたが……。

71年公開の映画『**めまい**』。Ｆ1レーサー役の**萩原健一**さんが大事故に遭い、手術を受ける場面の撮影が撮影所の隣にある病院で行なわれた。撮影所に戻り病室の撮影。準備していると、ひとりのスタッフが私に近づき小声で言った。「さっきショーケンが手術したのはどっちの腕?」「右腕ですよ」と即答した私に「俺が右腕に包帯を巻き始めたら、ショーケンが『オレ、手術したのはこっちだと思うんですけど……』と左腕を上げるんだよ」。私は台本を見た。私の字で〝右〟と書いてある。「右腕で間違いないです」私は自信満々に言った。

右腕に包帯を巻かれたショーケンがセットに入ってきた。「俺、さっき手術したの、こっちの腕じゃなかったですか?」と首を傾げながら左腕を上げる。「そうだよ、そっち」とベテランの照明部が答えた。その後「右だ」「左だ」と大勢のスタッフが相反する意見をぶつけだし、セット内は大混乱になった。病院ロケから1時間も経っていないのに、人間の記憶力のいい加減なこと。が、そんなことに感心してはいられない。間違えたら後日撮り直しになってしまう。繋がりは私の責任だ。

そのピンチを監督が救ってくれた。「両腕に巻いちゃえよ、あの後もう片方の腕も手術したんだよ(ということにしろ)」。**斉藤耕一**監督は繋がりには重きを置かない人だった。先輩助監督が初めてやるのに適している組だと言った意味、先輩の親心を知った。

両腕に包帯を巻いて撮影を終えた。後日撮影フィルムを見ると、手術台の上でショーケンは左腕を手術していた。では私の台本にあった〝右〟の文字は? そう、私から見て右側と言うことだった。当人にとっては左腕なのだ。「間違えて、初めて覚えるんだ」私が後輩に言う口癖のひとつである。
86年公開の『**キネマの天地**』（作品データは39頁）。映画監督役・**堺正章**さんの1カットが終わってしばらく経ってから「さっきのカット、ぼく眼鏡かけてましたよね」と私に聞いた。「ええ、かけてましたよ」と答えると、出口に向かったマチャアキはまた戻ってきて、「大丈夫ですよね、かけてましたよね」と、その真剣な顔。後で聞くと、マチャアキは映画を見て繋がっていない俳優をからかう趣味があるという。あの顔は復讐を怖れていたのだった。

【作品データ：めまい】
公開年：1971
監督：斎藤耕一
脚本：石森史郎
出演：辺見マリ、范文雀、小川ひろみ、萩原健一、森次晃嗣ほか

加藤武
〝歌舞伎マニア〟で大音量

今年（2009年）末に公開される『釣りバカ日誌20』（作品データは132頁）は今回が最終作品。90年末公開の第3作品目から加藤武さんがレギュラーに加わった。加藤さんは大の歌舞伎通。歌舞伎ファンの私は話をしてもらおうと接近した。いかつい顔の加藤さんに近づくのに少々気後れしたのは事実だが……。

「加藤さんは歌舞伎詳しいんですよね」おずおずと話しかけると、「いやぁ、詳しいとかより好きなんだねぇ」その笑顔はとても親しみやすい愛嬌のあるものだった。そして、一度話しだしたら止まらない。

東京は築地生まれの加藤さんは、幼少時代から歌舞伎ファンのおばあちゃんに手をひかれ

て歌舞伎通いをしたのだという。それも家から歩いて。

6代目**尾上菊五郎**の芸がいかに素晴らしかったか。3代目**市川左団次**がどれほど美しかったか。私が歌舞伎を見始める前に亡くなっている名優たち。羨ましがると得意げな表情を見せた。私も年下のオペラファンに「クライバー指揮の『ばらの騎士』を見たんだぜ」と自慢。生まれた年が違うだけなのに、自慢話をするほうにも聞かされるほうにもなってしまう。〝マニア〟とはそういうもの。私の羨ましがり方が功を奏したのか、加藤さんは名優たちの物真似をし始めた。これがすごかった。まるで6代目や3代目がそこにいるような気分にさせられた。

毎年『釣りバカ』の撮影現場で加藤さんから歌舞伎の話を聞いていたが、ある時、**杉村春子**さんの話題になった。日本を代表する名女優で文学座の中心人物。加藤さんの先生でもある。

「杉村先生の耳がね、最近遠くなってきたんだよ」当時、杉村さんはとうに80を超えていた。話し声が大きくなっているのでそう感じたのだと思う。「舞台でもさ、セリフがどんどんでかくなっていくんだよ。オレも合わせないとおかしいかなと思うんだけど、そうでかい声で言うセリフじゃないしさ」——先生の身体を案じる加藤さん。

加藤さんの地声も大きい。俳優たちの控え場所には共演者たちも座っていて、時には会話している。私は加藤さんに近づくたびに、加藤さんの声がでかいので、他の俳優に迷惑をかけてしまうのではないかと気になった。

『**釣りバカ3**』の社長室で秋山専務（加藤武）が浜崎伝助（**西田敏行**）を叱責する。翌年の『**4**』（作品データは148頁）でまた社長室で会う場面があったが、脚本では初対面のような芝居だ。「オレ、浜ちゃんを知っているんだよな」と聞かれた。「いえ、前作までのことはなかったことにしてください。そういうシリーズなんです」と答えたが、納得できない様子。3年後の『**7**』（作品データは49頁）の時、加藤さんが言った。「わかった！　このシリーズは1作、1作ずつなんだな！」その声もバカでかかった。

【作品データ：釣りバカ日誌3】
公開年：1990
監督：栗山富夫
原作：やまさき十三、北見けんいち
脚本：山田洋次、堀本卓
出演：西田敏行、三國連太郎、石田えり、五月みどり、谷啓ほか

西田敏行

「カミングアウトだ」とおどけてみせた

西田敏行さんが男性用毛髪（増毛・かつら等）関連のＣＦに登場している。それを初めて目にした時、私はドキッとした。５年前の出来事がよみがえったのだ。平成16（２００４）年、私はビデオカメラ１台を携えて『**釣りバカ日誌15**』（作品データは132頁）の撮影現場に向かった。メイキングＤＶＤ撮影のために。

『釣りバカ日誌』第１作から10作まで助監督を務めた私を旧知のスタッフ、出演者が温かく迎えてくれた。私は自分にしか撮れないものを撮ってやるぞと意気込んでいた。

５月６日から３週間秋田ロケ。その中盤民家を借りての撮影。朝、メイク室に改造した部屋で**三國連太郎**さんの髪が整えられていた。私はビデオカメラを構え、撮影を開始した。

三國さんが終わり、西田さんが席に座る。ふたりでこれから撮影するシーンの芝居の打ち合わせ。ふたりでアイデアを出し合う。シナリオを肉付けしてより面白くするために。

三國さんが去り、西田さんのヘアメイク開始と同時に、私は西田さんの背後からレンズを向けた。

その瞬間「駄目だ〜、後ろから撮っちゃ」飲み友達で長い付きあいのヘアメイク係、けん子ちゃんがおどけた感じで言った。私は凍りついた。「あの噂は本当だったのか！」かなり以前から助監督たちが「西田さんの頭はかつらではないか」と噂していたのだ。私が「その根拠は？」と聞くと誰にも明確な答えはない。そのくせ彼らの言い方は自信ありげだった。

「ふふふ、大丈夫だ〜、もうカミングアウトだよ」と西田さんが言った。私は後悔した。俳優のイメージを損なうようなものを撮る気など毛頭ない。西田さんが黙っていたら、けん子ちゃんの一言で部屋を出ていたかもしれない。おどけた言い方をされたのが効いた。後でこの映像を見た助監督が「俺たちなら、『ダメ、出て行って！』とどやしつけられたでしょう」と言った。〝カミングアウト〟すると言っているのに出て行くわけにはいかない。

白髪染め、髪の毛の粉（？）の入ったスプレー缶を後頭部に向けシューーッ、シューーッと吹きかける。みるみる若返り、ボリューム感を増していく頭髪。

「敏夫さん止めてください」またけん子ちゃんが慌てる。西田さんは例の調子で「カメラ初潜入！」とおどける。

結局私は最後まで撮影した。後に会社の同僚が「使うべきではない」と言った。かつらではないがイメージダウンになると。私は使用した。カットするのは許可してくれた西田さんに対して非礼に当たると思ったから。

人間が演じるのだからマンガのように年を取らないままというわけにはいかない。浜ちゃんは40代。西田さんは今年62歳。『釣りバカ日誌』は今年公開の映画が最後になる。

江角マキコ

サバサバと筋金入りの姉御がいた

『釣りバカ日誌15』（04年、作品データは132頁）のメイキングＤＶＤを担当した時、気懸かりなことがあった。マドンナ役の**江角マキコ**さんとは面識がない。気難しい人だと苦労する。私は**笹野高史**さんに聞いてみた。「江角？　いいよ、彼女。礼儀正しくて。体育会系だからね」

江角さんは元実業団バレーボールチームの選手で活躍、怪我で引退し、モデル業から女優になった人だ。許諾を取りに事務所に行った。自己紹介し、撮影風景を撮らせてほしいと申し込むと、江角さんは「どうぞ」と言って笑顔を見せた。アッサリとしたもので、私の取り越し苦労で拍子抜けするほどだった。

秋田ロケ。彼女はよく笑う。大口を開け（手で口元を隠す仕草を見たことがない）ゲラゲラと豪快に。それは周囲の人たちの気持ちを和ませた。

江角さんは待ち時間でも座らない。一日中立っていた。当時の**西田敏行**さんはいつも座っていた。上半身が太りすぎで、立っているとフラフラと前後に揺れてしまう。細い足2本では支えきれないという感じだった。椅子に座っている西田さんの前で、ストレッチ運動を始めた江角さんが「時間があったら体を動かしたほうがいいんですって」と声をかけても「そぅお」と言っただけで座ったまま。

ある日の昼食。地元の人が山の芋汁を差し入れてくれた。建物の1階駐車場に臨時のテーブルと椅子を並べる。江角さんを探すと立ったまま食べていた。細いポールの柱に右腕を絡ませ、少し体重をかけて。格好良かった。女性の食事映像ということでカメラは向けなかったが、あの格好良さ、美しさなら許されたかなと後悔している。

桧木内川ロケには鯉太郎役の**持丸加賀**クン（10歳）も参加。江角さんは付添いのお母さんに声をかけた。「鯉太郎の長靴の中に川の水が入っちゃったから乾かしてあげて。しばらく出番ないから大丈夫」彼女は大の子ども好きだ。

朝原雄三監督（40歳）に妻子があるのを知った江角さんは「監督、結婚してるんですか」

と話しかけた。「お子さんもいるんですって」「ええ、若気の至りと言いますか」とはぐらかす監督。「何言ってるんですか。いいじゃないですか」「何がいいんですか」と言い捨ててその場を去る監督。江角さんはスタッフに「結婚して子どもがいて、それが生活じゃない。ねえ」と同意を求めたが、一同、答えに窮していた。

この時、江角さんは第1子を妊娠中だった。これは私もずっと後に知ったことだ。今年の12月上旬に第2子を出産予定の江角さんは、出産後1年間は仕事を休み子育てに専念するという。サバサバして頼れる姉御という感じの江角マキコさんは、私生活も一本筋の入った生き方をしている。それも太い筋の。

有森也実

歌声の〝吹替え〟に涙した18歳

ミュージカル映画『**マイ・フェア・レディ**』で主役の**オードリー・ヘップバーン**の歌の部分は本人の声ではない。別人が歌い、オードリーは口パク（唇を動かすだけ）した。猛特訓を受けたのだが、製作サイドが彼女の歌唱力では駄目と判断した。

この年度のアカデミー賞主演女優賞は大本命といわれていたオードリーが受賞を逃し、伏兵の**ジュリー・アンドリュース**（『**メリー・ポピンズ**』）に与えられた。ジュリーはブロードウェイの舞台で『マイ・フェア・レディ』の主役を演じた人。番狂わせの原因は、映画版の主役に選ばれなかったことに対する同情票を集めたとも、オードリーの歌が代役だったためだとも言われた。

86年公開の『**キネマの天地**』（**山田洋次**監督、作品データは39頁）で、私は歌の吹替え騒動に巻き込まれた。現在でも苦い思い出のひとつだ。

主役の田中小春役・**有森也実**については以前も書いた。主演女優が撮影開始してすぐに降板し、大抜擢された無名の新人女優だった。いつとはなしに、私が彼女の教育係、相談役になっていた。巨匠監督、ベテラン俳優（**渥美清**、**倍賞千恵子**、**松坂慶子**等）に囲まれ、ひたむきに役作りに励む姿は時に痛々しく見えたりもした。

映画のラスト、蒲田撮影所内の仮設ステージで小春は「蒲田行進曲」を歌う。也実は撮影と並行して声楽レッスンを受けていた。

その撮影が近づき、仮録音をした。すると山田監督が私に言った。「駄目だな、あの歌じゃ。代役を立てないと」私は慌てた。「待ってください、まだ時間があります、猛練習させますから」也実は人一倍負けず嫌い。歌が吹替えられたらどれほど傷つくか。

撮影1週間前の本録音。山田さんは気に入らなかった。「必死に頑張って歌っている感じがするんだよ、歌に余裕がない」私は押し黙った。急遽ＳＫＤ（松竹歌劇団）からひとり呼び寄せ録音した。私にはそう大差があるとは思えなかった。

撮影当日。也実のマネージャーが私に「吹替えのテープを使うそうですね」と。私の耳には入っていないことだった。たぶん抵抗すると思われて私には告げなかったのだろう。控室に行くと、案の定、也実は泣いていた。「鈴木さんは知っていたんですか」也実の問いに戸惑った。吹替えで録音したことは知っていたのだから……。

「演るしかないだろう」私は言葉を尽くして説得を重ねた。

映画の中の小春は笑顔で、初めて聞く女性の声に合わせて唇を動かしている。内心どんな思いだったか。

監督は、時に非情さも必要。それは理解しているつもりだ。この時、有森也実は18歳だった。

岩下志麻

本当は子どもが大好きなのよ

子役や動物が出演する映画の時、私は共演する俳優が子どもや動物が好きかどうかが気になった。好きか嫌いかで現場の雰囲気がガラッと変わってしまうからだ。

78年公開の『**鬼畜**』（作品データは97頁）には3人の子どもが出演した。印刷工場の経営者（**緒形拳**）は妻（**岩下志麻**）とふたり暮らし。ふたりには子どもはいなかった。が、男は愛人（**小川真由美**）との間に3人の隠し子がいた。ドラマは愛人が子どもたちを男の家に棄てに来るところから始まる。

埼玉県川越ロケ。小学生の長男、長女を引き連れ、赤ん坊を背負った小川さんが歩いてくる場面。小川さんの背中の赤ちゃんがむずかっている。負ぶい紐の使い方がおかしくて、片

足が変にねじ曲がっていた。痛そうだ。女性スタッフが直すために近づいた。小川さんはそれを制した。「いいの、このままで。私はだらしのない母親にしたいんだから」スタッフは手出しができない。厳然とした上下関係の下では上に従うしかないことがままある。「でも、赤ちゃんがかわいそうです」と言いたい。それも飲み込むしかない。そのうち赤ちゃんが泣き出した。小川さんはあやそうともしない。泣き声がだんだん大きくなる。見るに見かねたさっきのスタッフが、赤ちゃんのお尻をポンポンと叩き、なだめ始めた。「放っておいてと言ったでしょう！」と叱られやしないかとビクビクしながら。

愛人が置き去りにしていった3人の子どもたちを妻は夫を唆して殺していく。なんとも陰惨なストーリーだが、実話を元にした松本清張原作の映画化で、**野村芳太郎**監督の名作だ。

洗濯物を取り込んだ妻が座敷に座ると、赤ちゃんがおひつの中に手を突っ込んでいた。カッとなった女はしゃもじで、めしを赤ちゃんの口に押し込む。「そんなに食いたきゃ、好きなだけお食べ！」と。

テストなしのぶっつけ本番。突然口の中にめしを詰め込まれた赤ちゃんは声を出すこともできずに目を白黒させている。「カット！」の声がかかると同時に、岩下さんは口の中に詰め込んだめしを外へかきだした。「ごめんなさい、ごめんなさいね」今にも泣きそうな声で必死になって指を突っ込んでいる。赤ちゃんが火の付いたように泣き出した。

その後、岩下さんは放心状態。「終わったわね、この嫌なシーン、終わったわね」彼女が呟いた。芝居を手加減するとＮＧになり、何度もやり直すことになるからとも言った。それは鬼気迫る演技だった。

岩下さんも緒形拳さんも子ども好きで、撮影の合間によく話しかけていた。スクリーンに映し出されたものと裏側は逆ということもよくある。

山田洋次監督
あきらめの悪い人間と自覚はしても

「ぼくはあきらめが悪い人間だから」と山田さんが言った。つい最近ある打ち合せの席でのこと。山田さんとは映画監督の**山田洋次**だ。

70年に松竹大船撮影所の助監督になった私は、見習い期間を終えると山田組に配属された。『**男はつらいよ望郷篇**』が正規の初仕事だ。見習いで就いた組と山田組の現場はまるで違っていた。山田組は嫌で嫌で堪らなかった。毎日撮影に向かうのが苦痛だった。

一言で言えば、山田さんを〝ぐずな人〟だと思った。カット割りが決まるまで悩みに悩みぬく。芝居のテストを何度も何度も繰り返す。それでもなかなか「よし、これで行こう」というGOサインが出ない。そのくせ自分が納得し、これで行くと決めるとスタッフや出演者

を急かす。監督は立場上自己中心的にならざるを得ないのはわかる。が、度を超していた。

何よりも嫌だったのは怒鳴ること。ロケ撮影になると怒鳴りまくる。学生時代に運動部の経験がない私にとり、怒鳴られるのは初めての体験。こんな野蛮な組は二度と御免だ、そう思った。

その頃の撮影所には、助監督に「組」の選択権があった。私は山田組を避け、決断が速く、怒鳴らない監督の組の仕事をした。残業が多くなる山田組に比べ、早く帰れる優越感に浸れた。

山田組のスタッフから「山田さんはお前のこと気に入っているのにどうして嫌がるの」とよく聞かれた。完成した作品はどれも私が就いた組の映画より山田組の映画のほうが良い。演出力のあるすぐれた映画監督だということも認める。しかし、嫌なものは嫌なのだ。「怒鳴らなければ就いてもいいです」と条件を出す立場でもなかった。

96年に異動になり、撮影所を出た私は松竹シナリオ研究所の所長を勤めた後、松竹本社でDVDソフトの制作を担当、06年5月に定年退職した。

退職の日が近づいた頃、山田さんが思わぬことを口にした。

「来年入る僕の映画に助監督として就いてくれないかなぁ」。助監督時代も何本か山田組をやり、「君と飯食ってると楽しいなぁ」と面と向かってラブコールを受けたりもした。好かれているのは知っていた。が、10年も現場から離れている。山田組は15年前の『息子』(作品データは80頁)が最終だ。

山田さんはこう付け加えた。「最近僕がちょっと声を荒げると、みんなうつむいて口をつぐんじゃうんだ。やりにくくてしょうがないんだよ」「声を荒げなければいいじゃないですか」と言い返したかったが我慢して引き受けた。08年公開の『母べえ』(作品データは70頁)だ。

現在、私は山田監督の側近と思われている。「あいつは変わった」と山田さんは言っている。年を取れば人は変わる。メインスタッフのひとりが言った。「敏夫さんが就いてから、監督の怒鳴る回数が減った」と。

あとがき

「役者というのは、どんなにそしりを受けても自分のことしか考えられないもの、エゴイストなんです」と三國連太郎さんは言った。時には同じ人種とは思えないこともある厄介な存在、それが俳優と呼ばれる人々だ。

人一倍好奇心が強く、人間観察が大好きな私が、飽きずに働いてこれたのは、相手が一筋縄では行かない人たちだったからではないのか、と最近しみじみ思う。

現在私は山田組の中心人物として、スタッフ、出演者から頼られる存在だ。しかし、若いころは遅刻の常習犯で、気が向かないと働かない〝ぐうたら助監督〟だった。これも社員助監督だったからだろう。このことに深く立ち入れなかったのは、長くなるからだ。

最後になったが、出版を引き受けて下さった言視舎代表の杉山尚次さん、その仲立ちをして下さった共同通信の立花珠樹さん、労働新聞のコラムを勧めて下さったデザイナーの故有賀敏彦さんに心からお礼を申し上げます。

鈴木敏夫（すずき・としお）
山田洋次監督スタッフ・助監督。
1946年東京生まれ。1970年に松竹入社。『男はつらいよ望郷篇』『釣りバカ日誌』シリーズの助監督を務める。一方、『サラリーマン専科』シリーズ等の脚本も執筆。96年には松竹シナリオ研究所所長に就き、退社後も早稲田大学川口芸術学校で教鞭をとった。『男はつらいよ』DVDボックスの得点映像制作、歌舞伎「文七元結」、新派「麥秋」では演出補佐を務めながら、山田監督作品『母べえ』～『男はつらいよ50』の助監督を務める。
『男はつらいよ』公式ホームページ：https://www.tora-san.jp

カバーイラスト………松本春野
本文イラスト………有賀敏彦
装丁………山田英春
DTP制作………勝澤節子
編集協力………田中はるか

※本書の写真はすべて著者所蔵のものです。

助監督は見た！
実録「山田組」の人びと

発行日❖2019年3月31日　初版第1刷

著者
鈴木敏夫

発行者
杉山尚次

発行所
株式会社言視舎
東京都千代田区富士見2-2-2 〒102-0071
電話 03-3234-5997　FAX 03-3234-5957
https://www.s-pn.jp/

印刷・製本
中央精版印刷㈱

ISBN978-4-86565-144-7 C0074